요셉의 옷장

때를 따라 입히시는 하나님의 은혜

요셉의 옷장

지은이 | 민경보
초판 발행 | 2024. 9. 11
등록번호 | 제1988-000080호
등록된 곳 | 서울특별시 용산구 서빙고로 65길 38
발행처 | 사단법인 두란노서원
영업부 | 2078-3333　　FAX | 080-749-3705
출판부 | 2078-3331

책값은 뒤표지에 있습니다.
ISBN 978-89-531-4902-1 03230

독자의 의견을 기다립니다.
tpress@duranno.com www.duranno.com

두란노서원은 바울 사도가 3차 전도여행 때 에베소에서 성령 받은 제자들을 따로 세워 하나님의 말씀으로 양육하던 장소입니다. 사도행전 19장 8-20절의 정신에 따라 첫째 목회자를 돕는 사역과 평신도를 훈련시키는 사역, 둘째 세계선교(TIM)와 문서선교(단행본·잡지) 사역, 셋째 예수문화 및 경배와 찬양 사역, 그리고 가정·상담 사역 등을 감당하고 있습니다. 1980년 12월 22일에 창립된 두란노서원은 주님 오실 때까지 이 사역들을 계속할 것입니다.

때를 따라 입히시는 하나님의 은혜

요셉의 옷장

민경보 지음

두란노

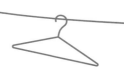

목차

4

하나님이 입혀주신 새 옷

5

새 옷을 벗고
영원히 잠든 요셉

이 책은 창세기의 요셉 이야기를 오늘날의 스토리로 생생하게 들려주는 작업이다. 저자 민경보 목사는 창세기 37-50장의 해석을 요셉에게 입혀진 '옷'을 화두로 새롭게 읽고, 넉넉하게 불리고, 깊이 있게 새겼다. 이 책이 반가운 것은, 요셉에게 입혀지거나 벗겨졌던 옷을 창세기 본문 해석의 지평으로 새롭게 읽는 쾌거를 달성했기 때문이다. 이 책이 울림이 있는 것은, 창세기에 기록된 요셉의 말글에 담긴 지혜의 소리를 예수 그리스도의 복음으로 풍성하게 갈무리했기 때문이다.

옷은 사람살이의 매무새를 드러내는 들머리다. 사람됨의 꼴이나 살아가기의 맵시를 나타내는 창(窓)이다. 옷은 하나님이 역사(役事)하신 역사(歷史)의 무대를 들여다보는 이정표이기도 하다. 하나님이 이끄시는 역사의 무대에 섰던 하나님의 사람들이 무슨 옷을 어떻게 입었는지에 따라 역사의 분위기는 크게 엇갈린다. 이 책은 요셉에게 입혀졌던 채색옷, 종의 옷, 죄수의 옷, 세마포 옷 등에 세밀한 관심을 기울인다. 그 요셉의 옷에 새겨진 씨줄과 날줄을 통해서, 그 옷이 드러내는 무늬를 통해서 저자 민경보 목사는 요셉의 겉사람이 입어야 했던 옷이 아닌, 요셉의 속사람이 입고 있던 옷이 무엇이었는지를 독자들에게 세밀하게 일깨워 준다.

이 책은 독자들에게 또 한 사람의 요셉이 되라고 초청하고 있다. 어느 시대, 어떤 시공간에서도 험한 세상을 이겨 가는 요셉이 되라고 적극 소리치고 있다. 이 초청장 앞에서 새삼 깨닫는다. 우리에게도 벗어야 할 옷이 있고 입어야 할 새 옷이 있다. 하나님이 벗겨 주시는 옷이 있고, 하나님이 새롭게 입혀 주시는 옷이 있다. 무슨 옷을 입고 살아야 할까? 이 책을 이 땅의 그리스도인들에게 적극 권하는 이유가 여기에 있다.

● **왕대일** 전 감리교신학대학교 구약학 교수

이 책은 오랫동안 목회의 길을 걸어온 신실한 목회자의 글입니다. 자신의 영적 경험을 가지고 요셉의 일생을 풀어낸 영적 해석서이기에 독자들에게 많은 감동을 주고 있습니다. 특별히 이 책은 영적 성장을 고민하는 이 시대의 많은 그리스도인에게 큰 도움을 줄 것으로 기대합니다. 영적 성장과 성숙은 결코 쉽고 편안한 길을 통해서 도달되는 것이 아닙니다. 영적 성장은 내면의 문제지만, 도전하는 외적 환경에 어떻게 믿음으로 응답하느냐에 따라서 그 결과가 크게 달라지기 때문입니다. 저자는 요셉이 하나님 나라의 비전을 품고 겪었던 많은 역경과 고난의 시간을 묵묵히 따라가면서, 요셉이 어떻게 이에 응답했는지를 담담하게 그려 내고 있습니다. 그 길은 엄숙한 하나님의 훈련과 연단의 과정이었으며, 우리가 걸어가야 할 또 하나의 영적 성장의 길임을 잘 보여 주고 있습니다.

저자는 마지막 결론에서 요셉을 그리워한다고 쓰고 있습니다. 그 이유는 오늘날 한국 교회와 그리스도인들이 세상적이고 외적인 일에 얽혀 진정한 내면의 변화를 추구하지 못하기 때문입니다. 저자는 이런 모습을 안타깝게 생각하면서 이 책을 썼습니다. 부디 이 책이 위기를 만난 한국 교회와 성도들에게 영적 성장의 길잡이가 되기를 소망합니다.

● **이후정** 전 감리교신학대학교 총장

이 책은 요셉이라는 인물을 언급할 때 주로 관심의 대상이 되는 그의 꿈이나 형들과의 갈등, 애굽에서 펼쳐지는 전화위복의 상황이 아니라, '옷'이라는 모티프를 통해 요셉의 영적인 성장 과정을 깊이 살펴보고 있습니다. 이 '옷'의 배후에 계신 하나님께서 어떻게 함께하고 역사하시는지를 살펴봄으로써 민 목사님은 오늘의 우리가 지향해야 하는 영적 성장의 의미를 진지하고 심도 있게 성찰하고 있습니다. 그런 점에서 《요셉의 옷장》은 요셉이 입었던 네 가지 종류의 옷에서 그 각각의 의미를 풀어낸 저자의 깊은 영성이 돋보이는 책이라고 평가하고 싶습니다. 평소 목회를 통하여 기도의 중요성을 강조해 온 저자의 영적 결실로 나온 이 책은 기도하고 주님을 닮기 원하는 모든 독자에게 도움이 될 것입니다. 바라기는 이 책을 통하여 독자 모두가 주님이 입혀 주시는 영적 새 옷으로 갈아입기를 소망합니다.

● **유경동** 감리교신학대학교 총장

최근에 한국 교회에는 '평전'이라는 문학 양식이 인기를 얻고 있습니다. 한 인물의 삶에 대한 전기 양식에 소설적 구성을 한 것이 평전이라고 할 수 있겠습니다. 그런데 이 책은 소설도 아니고 평전도 아닌 새로운 차원의 영성적 장르입니다. 이 책은 성경에 등장하는 가장 영성적인 인물인 요셉을 그가 입었던 옷을 중심으로 구성한 문학적이며 영성적인 이야기입니다. 저자는 요셉이 입었던 네 가지의 옷과 마지막에 세마포를 벗고 영원한 안식에 들어가는 다섯 단계의 삶의 여정을 깊이 그려 내고 있습니다. 《요셉의 옷장》은 창세기에 대한 주석이 아닌 영성학과 심리학 그리고 성경 전체에 대한 깊은 안목을 가진 책이기에 한 번 잡으면 끝까지 읽게 됩니다. 특별히 신구약의 다양한 성경 구절들, 동서고금의 주옥같은 예화들 그리고 저자의 삶에 대한 깊은 통찰이 스며든 탁월한 책이기에 독자의 영혼을 위해 기쁜 마음으로 추천합니다.

● **김수천** 협성대학교 기독교영성학 교수

이 책을 쓴 민경보 목사는 1987년 안산광림교회를 개척할 당시 나를 도와 함께 목회를 했던 동역자입니다. 꽤 오래된 인연이기에 우리는 서로를 잘 알고 있습니다. 제가 알고 있는 민경보 목사는 아이디어가 많은 창의적인 사람이었고, 늘 열정적인 목회자였습니다. 또한 그는 오직 주님만 바라보며 흐트러짐 없이 주어진 사명을 다하는 목회자였습니다. 때문에 민 목사는 그 누구보다도 요셉의 일생을 잘 이해하고 해석하고 있다고 봅니다.

요셉의 이야기는 작게는 야곱의 가족에서 시작한 구원의 이야기입니다. 그런데 그 구원의 역사가 이스라엘(야곱)의 구원 이야기가 되었고, 더 나아가 그 후손으로 이 땅에 오신 예수 그리스도를 통하여 세계 구원과 인류 구원에 관한 이야기가 되었습니다. 한 사람의 영적 성장이 얼마나 중요한가를 생각하게 합니다. 이 책을 읽는 독자들도 요셉처럼 신실하게 영적으로 성장해서, 한국 교회를 새롭게 부흥시키는 계기가 되기를 소망합니다.

● **최이우** 종교교회 원로목사

들어가는 글

창세기에 수록된 요셉의 이야기는 무엇을 위한 것일까? 이 오래된 이야기가 과연 오늘날에도 우리에게 의미가 있을까? 이에 대한 해답은 각자 다를 수 있다. 그동안 어떤 이들은 요셉의 이야기 중에서 꿈을 중요한 테마로 여기기도 했으며, 어떤 이들은 요셉에게서 가장 이상적인 리더십을 찾기도 했다. 이들의 이야기가 다 의미 있지만, 나는 요셉의 이야기 속에서 요셉이라는 한 사람이 어떤 과정을 통해서 영적으로 성장해 갔는지를 보고 싶다. 물론 창세기의 기록이 요셉의 영적 성장 과정을 체계적으로 보여 주고 있지는 않지만, 요셉의 이야기 속에는 요셉이 어떤 과정을 통해서 영적으로 성장해 갔는지를 엿볼 수 있는 모티브가 있다. 그것은 바로 요셉의 옷이다.

성경에는 아담과 하와가 입었던 가죽옷으로부터 시작해서 요한계시록의 흰옷에 이르기까지 다양한 옷의 이야기가 기록되어 있다. 옷의 기능은 단지 인간의 몸을 가리고 보호해 주거나, 착용

자의 사회적 지위를 나타내 주는 것만은 아니다. 성경에 나오는 옷은 그 사람이 살고 있던 시대적 상황만이 아니라, 그 사람이 처한 개인적인 현실이 어떤 상태인가를 보여 주기도 한다. 요셉이 입었던 옷은 그의 파란만장했던 삶을 잘 보여 주고 있다. 그의 옷은 하나님이 그를 영적으로 성장시키실 때마다 그에게 입혀 주셨던 사랑의 상징과도 같았다. 때문에 요셉이 입고 있던 옷을 잘 관찰해 보면, 하나님이 어떤 과정을 통해서 요셉의 영성을 빚어 나가셨는지를 알 수 있다.

요셉은 채색옷을 입은 모습으로 처음 성경에 등장한다. 그는 청소년기까지 아름다운 채색옷을 입고 살았지만, 요셉의 이 채색옷은 나중에 형들에 의해서 벗겨지게 되고, 그는 애굽의 노예로 팔려 가게 된다. 이제 채색옷 대신 종의 옷으로 갈아입은 요셉은 보디발의 집에서 종살이를 하다가 보디발의 아내에 의해 억울하게 누명을 쓰고 종의 옷 대신 죄수의 옷을 입게 된다. 이후 바로의 꿈을 해석하여 애굽의 총리가 된 요셉은 드디어 영광스러운 세마포 옷을 입게 된다. 요셉은 애굽의 총리로서 그 사명을 다하던 중에 자기 민족을 애굽의 고센 땅에 잘 정착시켜 하나님이 아브라함에게 예언하신 뜻을 성취한다. 그 후에 하나님의 부르심을 받은 그는 이제 세마포 옷을 벗고 영원한 안식에 들어간다.

그런데 놀라운 사실이 하나 있다. 그것은 단 한 번도 요셉이 자원해서 옷을 입지 않았다는 사실이다. 요셉이 채색옷을 입었던 것은 아버지 야곱 때문이었으며, 종의 옷을 입었던 것은 형들 때문이었다. 또한 죄수의 옷을 입었던 것은 보디발의 아내 때문이었으며, 세마포 옷을 입고 애굽의 총리가 된 것은 전적으로 애굽왕 바로 때문이었다. 그러나 우리는 이 배후에 하나님이 계시다는 사실을 잘 알고 있다.

사실 요셉의 이야기를 읽다 보면 하나님이 단 한 번도 요셉 앞에 나타나지 않으셨다는 사실을 알게 된다. 요셉의 아버지 야곱은 꿈으로도 하나님을 만났고, 주의 음성도 들었고, 주의 천사와 씨름을 하기도 했다. 그런데 요셉에게는 이런 체험이 없었다. 요셉에게 있었던 영적 체험이란 고작 열일곱 살 때 꾸었던 두 번의 꿈이 전부였다. 사실 이 꿈조차 하나님을 본 것이 아니라, 하나님이 보여 주신 미래를 본 것뿐이었다. 하지만 요셉은 언제나 하나님과 동행했으며, 하나님의 존재에 대해서 조금의 의심도 없었다. 요셉은 자신의 옷이 타의에 의해서 벗겨지고 새로운 옷이 입혀질 때마다 그 배후에 하나님이 계심을 전적으로 신뢰했던 것 같다.

우리는 이제 요셉이 입었던 옷을 하나하나 살펴보면서 그 과정에서 요셉이 어떻게 영적으로 성장해 나갔는지를 알아 갈 것이다. 요셉이 입었던 옷은 요셉이 어떤 삶을 살았고, 어떤 과정을 거쳐서 영적으로 성장하게 되었는가를 보여 주는 하나의 상징임을 알게 될 것이다. 이 책은 아래와 같이 전개된다.

1부는 채색옷을 입은 요셉으로서, 아버지의 사랑을 독차지했지만 이 때문에 형들의 미움을 받아 채색옷이 벗겨지기까지 (창 37:1-24), 2부는 형들의 미움을 받아 애굽의 종으로 팔려 가 종의 옷을 입고 보디발의 집에서 노예 생활을 하기까지(창 37:25-39:10), 3부는 보디발의 아내로부터 누명을 써 죄인의 옷을 입고 죄수 생활을 하기까지(창 39:11-40:15), 4부는 애굽의 총리가 되어 세마포 옷을 입고 자기 민족을 애굽에 잘 정착시키며 하나님의 뜻을 행하기까지(창 41:1-45:28), 5부는 세마포 옷을 벗고 영원한 안식에 들어가는 요셉의 죽음까지(창 46:1-50:26)이다. 바라기는 이 책이 영적 성장을 고민하는 많은 성도에게 조금이나마 도움이 되었으면 좋겠다.

아울러 이 책이 출간되기까지 많은 사람에게 마음의 빚을 졌다. 먼저 두란노서원에 감사의 마음을 전한다. 이 책은 수요 강해 설교를 엮은 것인데, 편집부의 조언과 수고가 아니었다면 이 책은 나올 수 없었을 것이다. 여러 번 수정하고 교정하면서 개인적으로 더 깊이 요셉을 만날 수 있었다. 수요일마다 긴 창세기 강해를 열심히 들어 주신 안산광림교회 성도들에게도 깊은 감사를 드린다. 우리 교우들의 기도와 격려와 열심은 늘 나에게 큰 힘이 되어 주었다. 책을 내라고 격려해 주신 장로님들께도 깊은 감사를 드린다. 장로님들의 기도와 응원은 고된 집필 작업을 하는 데 큰 원동력이 되었다. 우리 교회 중보 기도 팀에게도 깊은 감사를 드린다. 그들의 기도와 눈물이 이 책에 배어 있다. 나와 동역하고 있는 우리 교회 부목사님들과 전도사님들과 간사님들에게도 깊은 감사를 드린다.

개인적으로 잊지 못할 분들이 많다. 먼저 신학대학에 들어갔다고 집에서 쫓겨나 오갈 데 없는 나를 영적인 자녀로 삼고 돌봐 주신 이상한 장로님과 진승자 권사님께 머리 숙여 감사를 올린다. 선배이자 스승으로서 귀한 지도를 아끼지 않으신 최이우 목사님과 조경열 목사님께도 깊은 감사를 드린다. 추천사를 통해서 책의 의미를 풍성하게 해 주신 왕대일 교수님과 이후정 전 총장님과 유경동 총장님과 김수천 교수님께도 깊은 감사를 올린다. 우리 가족에게도 깊은 감사를 전한다. 늘 곁에서 조언을 아끼지 않았던 아내와 힘써 교정 작업을 도와준 시인이 내외와 미국에서 기도하며 응원해 준 예인이 내외에게도 깊은 감사를 전한다. 마지막으로 이 책이 나오기까지 기도에 응답해 주시고, 늘 지혜와 명철로 깨닫게 해 주신 하나님께 이 책을 바친다.

요셉은 채색옷이 벗겨지고,

종의 옷, 죄수의 옷, 세마포 옷을 입고 벗으며

하나님의 사람으로 자라갔다.

우리는 지금 어떤 옷을 입고 있는가?

1부

채 색 옷 을
입은 요셉

1

야곱이 입힌
채색옷

요셉의 이야기는 야곱이 이스라엘의 영적인 상속자요, 요셉도 야곱을 이어 이스라엘의 계승자임을 보여 주며 시작된다.

"야곱이 가나안 땅 곧 그의 아버지가 거류하던 땅에 거주하였으니 야곱의 족보는 이러하니라 요셉이 십칠 세의 소년으로서 그의 형들과 함께 양을 칠 때에 그의 아버지의 아내들 빌하와 실바의 아들들과 더불어 함께 있었더니 그가 그들의 잘못을 아버지에게 말하더라"(창 37:1-2).

야곱과 요셉의 관계

야곱의 장자권이 요셉에게 전해지다
야곱은 그의 아버지 이삭이 거주하던 가나안 땅에 살고 있었다. 창세기 기자가 야곱이 정착한 곳을 '가나안 땅'이라 기록한 것은 에서가 세일산에 거했다는 기록(창 36:8)과 비교되는 것으로, 야곱이 이스라엘의 영적인 상속자임을 분명하게 보여 준다. 이어 족보는 야곱에서 요셉으로 그 계보가 이어진다. 본문에서 "야곱의 족보는 이러하니라"라는 표현은 야곱의 장자권이 요셉으로 이어짐을 알리는 구약성경적 표현이다.

본래 야곱의 후계자는 장자인 르우벤이었다. 그러나 르우벤은 아버지 야곱의 첩인 빌하와 잘못된 관계를 맺었기에 후계자가 될 수 없었다. 그렇다면 왜 차남인 시므온에게 후계자의 지위가 내려가지 않고 열한 번째 아들인 요셉에게로 넘어갔을까? 그것은 요셉이 라헬이 낳은 첫 번째 아들이었기 때문이다. 사실 야곱의 관점에서 그의 첫 번째 아내는 레아가 아니라 라헬이었다. 만일 라반이 혼인 첫날밤에 신부를 라헬에서 레아로 바꾸지만 않았어도 첫 번째 부인은 당연히 라헬이었을 것이고, 그가 출산한 아들이 장자가 되었을 것이다. 그러나 일이 잘못됨으로 인하여 라헬은 야곱의 두 번째 부인이 되었고, 라헬이 낳은 첫 번째 아들 요셉은 열한 번째 아들이 되고 말았다. 하지만 야곱이 사랑했던 여인은 오직 라헬뿐이었고, 라헬이 야곱에게는 첫 번째 부인이었기에, 이런 관점에서 본다면 요셉은 마땅히 야곱의 장자였던 것이다.

요셉이 야곱을 계승한 장자였다는 점은 야곱이 하나님의 부르심을 받을 때에도 그대로 드러난다. 유다 관습에 의하면 운명하는 아버지의 눈을 감겨 드리는 책임은 장남에게 있었는데, 하나님은 그 책임이 요셉에게 있음을 야곱에게 분명히 말씀하셨다.

"요셉이 그의 손으로 네 눈을 감기리라 하셨더라"(창 46:4).

갈라진 가정

요셉을 다룬 본문을 보면, 야곱의 가정 안에 묘한 전선이 형성되어 있는 것을 알 수 있다. 요셉은 아버지 야곱과 한편이 되어 있고, 요셉의 다른 형제들은 마치 아버지 야곱과 요셉의 적수인 것처럼 보인다. 이런 전선은 요셉이 형들의 잘못을 야곱에게 고자질함으로써 형성되었다.

"그가 그들의 잘못을 아버지에게 말하더라"(창 37:2).

공동번역에서는 요셉이 "그들을 좋지 않게 일러바쳤다"라고 번역하고 있다. 이 번역을 보면 요셉의 행위는 바르지 못한 것처럼 보인다. 마치 요셉이 아버지에게 형들의 죄나 잘못을 고자질해서 아버지의 사랑을 받은 것 같은 인상을 준다. 하지만 성경에 기록된 '잘못'에 해당하는 히브리어 단어인 '라아'에는 도덕적으로 '악하다'라는 뜻과 함께 '해롭다'라는 의미도 들어 있다. 이는 요셉의 형들이 실제로 악했음을 말해 주고 있다.

요셉의 형들은 실로 악했다. 야곱의 맏아들 르우벤은 야곱의 첩 빌하와 잘못된 관계를 맺었고, 야곱의 외동딸 디나가 세겜에게 성추행을 당했을 때는 히위 족속을 속여 할례를 받게 한 후에 시므온과 레위가 칼을 가지고 몰래 들어가 그 부족의 남자들을 다 죽이고 노략질을 일삼았다(창 34:1-31 참조). 이처럼 요셉의 형들은 실제로 악했기에 야곱은 늘 요셉을 통해서 다른 아들들의 근황을 들었던 것으로 보인다.

그러므로 형들의 잘못된 행위를 아버지에게 전한 요셉의 동기는 순수한 것이었다. 형들을 깎아내리고 아버지의 사랑을 독차지하려고 그런 것이 아니라, 요셉은 아버지의 명령에 따랐던 것이다. 실제로 창세기 37장 13절 이하를 보면 야곱이 요셉을 다른 아들들에게 보내어 그들의 근황을 파악하고 자신에게 보고하라고 하지 않는가? 요셉은 아버지와 한편이 되어 형들을 관리하는 일을 했던 것으로 보인다. 이처럼 요셉의 가정은 편이 나뉘어 있었다. 때문에 요셉의 가정에는 늘 긴장감이 감돌았고, 요셉의 형들은 요셉을 미워했다.

요셉이 입은 채색옷

요셉을 편애한 야곱

야곱과 요셉의 관계는 요셉이 입고 다니던 채색옷으로 잘 드러난다. 야곱은 요셉에 대한 사랑을 숨길 마음이 전혀 없었다. 야곱은 요셉에게 채색옷을 입혀서 노골적으로 편애를 드러냈다.

"요셉은 노년에 얻은 아들이므로 이스라엘이 여러 아들들보다 그를 더 사랑하므로 그를 위하여 채색옷을 지었더니 그의 형들이 아버지가 형들보다 그를 더 사랑함을 보고 그를 미워하여 그에게 편안하게 말할 수 없었더라"(창 37:3-4).

야곱이 요셉에게 입힌 채색옷은 편애의 상징이었다. 이 채색옷은 가운식의 겉옷으로서 소매가 길어 손목을 덮었고, 길이가 길어 발목까지 닿는 옷이었다. 이런 화려한 옷은 후대에 다말을 비롯한 공주들이 입었던 옷과 마찬가지로 고귀함의 표시였다(삼하 13:18 참조). 채색옷을 나타내는 '여러 조각'은 다양한 색상의 여러 천을 가리키기도 하고, 색깔의 무늬를 가리키기도 한다. 형들은 노동복을 입고 양 떼를 칠 때 요셉은 장신구가 달린 멋지고 화려한 옷을 입고 다닌 것이다. 결국 이 채색옷은 불화의 씨가 되었다. 형들은 모두 양을 치며 가족의 일에 보탬이 되고 있었던 데 반해(창 37:2 참조), 요셉은 일하지 않고 채색옷을 입고 다니며 야곱의 사랑을 독차지한 것으로 보인다. 고대 사회에서 자식은 곧 노동력이다. 그런데 열한 번째 아들이었던 요셉이 일은 하지 않고 채색옷을 입고 다니며 자신들의 잘못을 아버지에게 고발했으니, 형들이 얼마나 요셉을 미워했겠는가?

그런데 이 채색옷은 비단 형들에게만 악영향을 미친 것이 아니라 요셉 자신에게도 좋지 않은 영향을 미쳤다고 생각된다. 생각해 보라. 요셉이 채색옷을 입고 다니면서 자신에 대해 어떤 생각을 했겠는가? 자신을 아주 특별한 사람으로 인식하지 않았겠는가? 늘 노동복을 입고 양을 치는 형들보다 자신을 좀 더 특별하게 생각하지 않았겠는가?

'나는 목동인 형들과는 달라. 난 특별한 존재야!'

요셉의 내면에는 채색옷으로부터 싹튼 특권 의식이 형성되기 시작했을 것이다. 자신을 채색옷과 동일시하면서, 실제로 자신을 채색옷을 입을 만한 자격을 갖춘 사람으로 오해했을 가능성이 크다. 채색옷을 입고 다니면서 자기도 모르게 형들과 비교하며 우월의식을 가졌을 것이다. 이런 의미에서 본다면 채색옷은 요셉에게도 부정적인 영향을 끼쳤을 가능성이 크다.

물론 요셉이 채색옷을 입고 다니면서 형들에게 못되게 굴었다는 이야기는 성경에 기록되어 있지 않다. 요셉의 생애에서는 이렇다 할 큰 죄가 발견되지 않는다. 하지만 요셉도 아담의 죄성이 흐르고 있는 한 인간임을 감안한다면, 요셉이 오랫동안 채색옷을 입고 다니면서 스스로를 특별한 지위와 권리를 가진 사람으로 생각했을 가능성이 크다. 따라서 채색옷은 비단 요셉의 형들에게만 악영향을 미친 것이 아니라, 요셉에게도 좋지 않은 영향을 미쳤을 것이다.

하나님이 형들을 통해 요셉의 채색옷을 벗기시는 이유가 바로 여기에 있다. 한 사람이 영적으로 온전히 성장하려면, 먼저 자신이 누구인가를 분명히 인식해야 한다. 잘못된 정체성에서 벗어나야 한다. 하나님이 요셉을 영적으로 온전히 성장시키기 위해 가장 먼저 하신 일이 바로 이것이었다. 하나님은 요셉의 채색옷을 벗기셨다.

야곱이 요셉을 편애한 이유

야곱이 요셉을 편애한 이유는 무엇이었을까? 이것을 살펴보는 이유는 요셉의 내면을 보기 위함이다. 성경은 야곱이 요셉을 편애한 이유를 "노년에 얻은 아들이므로"(창 37:3)라고 기록하고 있지만, 이는 충분한 이유가 되지 못한다. 그 이유는 요셉보다 더 늦은 나이에 얻은 베냐민이 있기 때문이다. 야곱이 요셉을 편애한 이유는 야곱이 라헬을 매우 사랑한 것과 밀접한 관계가 있다.

성경은 "레아는 시력이 약하고 라헬은 곱고 아리따우니"(창 29:17)라고 기록하고 있다. 야곱은 라헬을 보자마자 첫눈에 반했다. 때문에 야곱은 그녀를 아내로 맞이하기 위해 7년간 무보수로 노동을 했으며, 혼인 첫날밤에 신부가 라헬에서 레아로 바뀌게 되자 다시 7년 동안 무보수로 노동을 해서 라헬을 아내로 맞이하게 되었다. 그만큼 야곱은 라헬을 사랑했다. 그런데 고향으로 돌아가는 길에 베냐민을 해산하는 과정에서 라헬을 잃고 만다. 이때부터 야곱은 요셉을 편애하기 시작했다. 요셉은 라헬이 낳은 장자였으며, 라헬을 많이 닮았기 때문이다.

"요셉은 용모가 빼어나고 아름다웠더라"(창 39:6).

이때 요셉의 외모를 표현하고 있는 '용모가 빼어나고 아름다웠다'라는 말은 라헬의 외모를 묘사한 것과 동일하다. 요셉이 비록 아들이었지만 그의 어머니 라헬을 쏙 빼닮았던 것이다. 때문에 야곱은 그 누구보다도 요셉을 특별히 사랑했다.

야곱이 요셉을 편애한 이유는 이 외에도 여러 가지가 있는데, 그중에서 가장 중요한 것은 요셉의 성품 때문이었을 것이다. 요셉의 형들은 대단히 난폭하고 거칠었다. 고향으로 돌아가는 길에 히위 족속을 멸절시킬 만큼 그들은 강했다. 요셉의 형들이 이렇게 난폭했던 이유는 한 지붕 아래에서 네 명의 어머니와 함께 살았기 때문이다. 두 명의 아내와 두 명의 첩 그리고 그 여인들이 낳은 열세 명의 자식이 함께 살았으니 어찌 성품이 좋았겠는가? 이들은 서로 시기하고 질투하며 살았고, 그 속에서 생존하려면 강하고 난폭하지 않을 수 없었을 것이다. 그런데 이에 비해 요셉은 대단히 온순하며 성실한 성품을 지녔다. 다른 형제들은 다 야곱을 근심시켰지만, 요셉만큼은 온순하고 성실해서 야곱으로부터 많은 사랑을 받았던 것이다. 요셉은 평생 온순했으며, 성실하게 삶을 살았다.

요셉의 꿈과
형들의 시기

어떤 이들은 요셉을 완전한 사람 혹은 예수님에 비유하기도 한다. 그러나 요셉의 삶이 처음부터 완전했다고 보기는 어렵다. 왜냐하면 그에게도 아담의 원죄가 흐르고 있었기 때문이다. 그의 어린 시절을 살펴보면 인간적 약점이 그대로 드러난다. 요셉이 지혜롭고 신중하며 완성된 모습을 보인 것은 시련과 연단을 거친 후였다. 하나님은 연약했던 요셉을 영적으로 성장시키기 위해서 가장 먼저 당신의 나라에 대한 꿈을 꾸게 하셨다.

요셉의 꿈

첫 번째 꿈

우리가 잠을 자면서 꾸는 꿈은 매우 중요하다. 꿈에는 우리가 의식하지 못하는 무의식의 세계가 펼쳐지기 때문이다. 꿈은 우리의 의식이 자신의 전체적인 상황을 아직 파악하지 못할 때, 우리가 처한 상황이 어떠하며 앞으로 어떻게 전개될 것인가에 대한 비전을 보여 주기도 한다. 물론 모든 꿈이 이런 의미를 담고 있는 것은 아니다. 하지만 각자가 특별히 기억하는 꿈에는 이런 요소가 담겨 있다.

요셉은 17세가 되었을 때 평생 잊지 못할 두 번의 꿈을 꾸게 된다. 먼저 첫 번째 꿈을 살펴보자.

"요셉이 그들에게 이르되 청하건대 내가 꾼 꿈을 들으시오 우리가 밭에서 곡식 단을 묶더니 내 단은 일어서고 당신들의 단은 내 단을 둘러서서 절하더이다 그의 형들이 그에게 이르되 네가 참으로 우리의 왕이 되겠느냐 참으로 우리를 다스리게 되겠느냐 하고 그의 꿈과 그의 말로 말미암아 그를 더욱 미워하더니"(창 37:6-8).

그는 이 꿈이 너무 생생하고 뚜렷해서 형들에게 말하지 않고는 견딜 수 없었다. 요셉은 일하러 나가는 형들을 붙잡고 "청하건대 내가 꾼 꿈을 들으시오"라고 간청한다. 그 꿈은 해석이 어렵지 않았다. 누가 들어도 그 내용을 쉽게 알 수 있었다. 요셉으로부터 꿈 이야기를 들은 형들은 분노하기 시작했다.

"네가 참으로 우리의 왕이 되겠느냐 참으로 우리를 다스리게 되겠느냐"(창 37:8).

요셉의 형들이 화를 낸 이유는 무엇일까? 바로 "당신들의 단은 내 단을 둘러서서 절하더이다"라는 내용 때문이었다. 형들은 요셉에게 절해야 한다는 말에 마음이 상한 것이었다. 요셉이 평소에 채색옷을 입고 다니는 것만 봐도 마치 자신들 위에 군림하는 것 같아 마음이 상했는데, 이제 꿈 이야기까지 들으니 더 화가 난 것이다.

이때 요셉의 형들이 간과한 것은 무엇인가? 그것은 이 꿈이 담고 있는 상징성이다. 이 꿈에 나오는 중요한 상징은 '곡식 단'이지 '절하다'라는 행위가 아니다. 요셉의 형제들은 양을 치는 목축업에 종사하고 있었다. 그런 그들에게 '곡식 단'이 등장했다는 것은, 그들에게 지금과는 전혀 다른 미래가 펼쳐질 것이라는 예고였다. 하나님이 요셉과 그의 형제들에게 지금과는 전혀 다른 새로운 미래를 계획하고 계신 것이었다. 이때 요셉의 형들은 이 미래에 관심을 가져야 했다. 하지만 요셉과의 관계가 좋지 못했기에 자신들이 동생에게 절한다는 말에 분노를 표현한 것이었다.

두 번째 꿈

"요셉이 다시 꿈을 꾸고 그의 형들에게 말하여 이르되 내가 또 꿈을 꾼즉 해와 달과 열한 별이 내게 절하더이다 하니라 그가 그의 꿈을 아버지와 형들에게 말하매 아버지가 그를 꾸짖고 그에게 이르되 네가 꾼 꿈이 무엇이냐 나와 네 어머니와 네 형들이 참으로

가서 땅에 엎드려 네게 절하겠느냐 그의 형들은 시기하되 그의 아버지는 그 말을 간직해 두었더라"(창 37:9-11).

두 번째 꿈은 그 내용이 첫 번째 꿈과 매우 유사하다. 동일한 꿈을 반복해서 꾼다는 것은 그 꿈이 그만큼 중요하고 분명히 성취될 것을 강조하는 것이다. 이는 요셉이 후에 바로의 꿈을 해석하면서 "바로께서 꿈을 두 번 겹쳐 꾸신 것은 하나님이 이 일을 정하셨음이라 하나님이 속히 행하시리니"(창 41:32)라고 말한 데서 볼 수 있다. 요셉이 꾼 두 번째 꿈은 하나님이 아브라함에게 약속하신 '하나님 나라'에 대한 영광스러운 비전이 계시된 것이었다.

요셉의 두 번째 꿈에는 부모를 상징하는 '해와 달'이 등장한다. 이는 첫 번째 꿈에서 한 단계 더 나아가 그의 부모까지도 요셉에게 절하고 복종하게 될 것을 보여 주고 있다. 그런데 여기서도 '절하다'가 아니라 '해와 달과 열한 별'이 중요한 상징어이다. '해와 달과 열한 별'은 하나님 나라를 상징하는 것으로, 해는 낮에, 달과 열한 별은 밤하늘에 빛나는 것들이다. 그렇다면 이것이 무엇인가에 대해서 관심을 가져야 하는데, 야곱도 요셉의 형들처럼 '절하다'라는 말에 마음이 상해서, "네가 꾼 꿈이 무엇이냐 나와 네 어머니와 네 형들이 참으로 가서 땅에 엎드려 네게 절하겠느냐" 하며 요셉을 꾸짖는다. 하지만 야곱은 그 말을 간직해 두었다(창 37:11 참조).

그렇다면 야곱은 정말 자기 아들인 요셉에게 절을 했을까? 요셉의 형들은 애굽에 양식을 구하러 갔을 때, 애굽의 총리로 있던 요셉에게 무릎을 꿇고 절한 것을 볼 수 있다. 하지만 창세기 어느 곳에도 야곱이 요셉에게 엎드려 절했다는 내용은 기록되어 있지 않다. 이를 통해 우리는, 이 꿈에서 중요한 것은 '절하다'라는 말이 아니라 '해와 달과 열한 별'이라는 것을 다시 한번 알 수 있다. 이는 하나님 나라를 나타내는 것으로, 특별히 수많은 별 중에서도 열한 별이 언급된 것은 아직 등장하지 않은 막내 베냐민과 함께 이스라엘과 하나님 나라를 세울 열두 지파와 열두 기둥을 상징하는 것이다. 이것은 하나님이 세우실 당신의 나라에 대한 비전이었다. 하나님은 요셉에게 가장 먼저 당신의 나라에 대한 비전을 보여 주신 것이다.

그러므로 요셉의 두 번째 꿈을 단순히 기근의 때에 야곱의 자손들이 기근을 피해 애굽에 잘 정착하기 위해 보여 주신 꿈이라고 생각해서는 안 된다. 이 꿈은 하나님이 아브라함과 언약하셨던 하나님 나라에 대한 비전을 요셉에게 보여 주신 것이다.

"그때 여호와께서 아브람에게 말씀하셨다. '네가 반드시 알아야 될 일이 있다. 네 후손들이 외국 땅에서 나그네가 되어 400년 동안 종살이하며 학대를 받을 것이다. 그러나 그들이 섬기는 나라를 내가 벌할 것이니 그 후에 네 후손들이 많은 재물을 가지고 그 나라에서 나올 것이다. 그리고 너는 장수하다가 평안히 죽어 묻힐 것이며 네 후손들은 4대 만에 이 땅으로 돌아올 것이다"(창 15:13-16, 현대인의 성경).

요셉을 영적으로 성장시키기 위해 연단을 시작하실 때, 하나님이 가장 먼저 하신 일이 바로 요셉에게 당신의 나라에 대한 비전을 심어 주신 것이었다. 비록 요셉이 어려서 처음에는 이 꿈이 무엇인지 잘 분별하지 못했지만, 하나님은 요셉의 채색옷을 벗기기전, 그에게 새로운 미래가 펼쳐질 것을 예고하신 것이다.

하나님 나라에 대한 비전이 필요한 이유

왜 하나님 나라가 필요한가

왜 하나님은 17세밖에 되지 않은 요셉에게 당신의 나라에 대한 비전을 심어 주셨을까? 그것은 요셉 안에 영성을 형성시키기 위한 일이었다. 그동안 요셉은 아버지의 편애를 상징하는 채색옷을 입고 다니면서 나름대로 만족한 삶을 살았다. 물론 요셉의 가정에는 늘 긴장감이 감돌았으며 아버지와 형들 안에는 늘 갈등이 있었으나, 요셉은 이 둘 사이를 오가며 나름 즐겁게 살았을 것이다. 만일 하나님이 요셉에게 이런 삶을 계속 살도록 허락하셨다면 요셉은 어떤 사람이 되었을까? 요셉도 형들과 다르지 않은 삶을 살았을 것이다. 하나님 나라나 비전과는 전혀 관계없는 삶을 살았을 것이다. 그러나 하나님은 이런 요셉에게 두 번의 꿈을 통하여 당신의 나라에 대한 비전을 심어 주셨다. 이제는 생존이 아닌 사명을 위해 살아야 함을 보여 주신 것이다.

사람이 영적으로 성장하려면 하나님 나라에 대한 비전이 필요하다. 즉, 생존이 아니라 사명을 위해 살기 시작해야 한다. 예수님이 공생애를 시작하면서 가장 먼저 선포하신 말씀이 무엇인가? "때가 찼고 하나님의 나라가 가까이 왔으니 회개하고 복음을 믿으라"(막 1:15)라는 말씀이었다. 예수님은 하나님 나라에 대한 비전을 선포하면서, 사람들에게 생존만이 아니라 사명을 위해 살 것을 선포하신 것이었다. 일반적으로 사람이 영적으로 잘 성장하기 위해서는 사명이 무엇인가를 깨달아야 한다. 생존이 아니라 사명을 위해 살기 시작할 때 영적인 성장이 시작된다. 생존에 찌든 사람에게서는 영적 성장을 볼 수 없다. 그렇기에 영적으로 성장하려면 자신의 사명이 무엇인가를 깨닫는 것이 대단히 중요하다. 예수님은 "그런즉 너희는 먼저 그의 나라와 그의 의를 구하라 그리하면 이 모든 것을 너희에게 더하시리라"(마 6:33)라고 가르치셨다. 영적으로 온전히 성장하려면 먼저 하나님 나라에 대한 비전이 필요하다. 생존이 아니라 사명이 무엇인가를 깨달아야 한다.

하나님 나라는 무엇인가

하나님 나라란 하나님이 통치하시는 나라로서, 그분의 뜻과 말씀이 절대적으로 중요한 나라다. 하나님 나라의 개념은 성경 전체에 내포되어 있는 중심 메시지이며, 그 사상은 예수 그리스도의 사역에 있어 중심이 된다. 또한 하나님 나라는 그리스도인들의 궁극적인 소망이기도 하다.

하나님은 에덴동산을 창설한 후 거기에 당신의 형상대로 지은 인간을 두어 만물을 다스리게 하시고, 생육하고 번성하여 땅에 충만하라고 하셨다(창 1:28 참조). 그런데 아담과 하와가 사탄의 유혹에 빠져 선악과를 따 먹어 타락하고 말았다. 하나님으로부터 저주를 받은 아담과 하와는 에덴에서 추방되고 말았다(창 3:24 참조). 그 이후 노아 홍수 사건과 바벨탑 사건(창 11장 참조)을 거치면서 다시 하나님의 진노와 심판을 받은 인류는 전 세계로 흩어지게 되었다(창 11:9 참조). 이때 하나님은 갈대아 우르에 살고 있던 아브라함을 불러 그와 언약을 맺음으로 당신의 나라에 대한 비전을 세우셨다.

"내가 너로 큰 민족을 이루고 네게 복을 주어 네 이름을 창대하게 하리니 너는 복이 될지라"(창 12:2).

"여호와께서 아브람에게 나타나 이르시되 내가 이 땅을 네 자손에게 주리라 하신지라"(창 12:7).

아브라함을 부르신 하나님은 그와 언약을 맺고, 그의 후손인 이삭(창 26:3-5 참조)과 야곱(창 28:13-15 참조)을 통해 하나님 나라의 비전을 이루어 가셨다. 지금 요셉은 하나님이 아브라함부터 시작하신 그분의 나라를 이루기 위한 한 과정에 부르심을 받은 것이다. 야곱의 자손들을 더 큰 민족으로 육성시키기 위해서는 자연조건이 좋은 땅이 필요했다. 때문에 하나님은 요셉에게 당신의 나라에 대한 비전을 심어 주신 것이다. 이제 야곱의 후손들은 요셉이 총리로 있는 애굽으로 내려가 400년 동안 큰 민족으로 육성될 것이다. 하나님은 이를 위해 요셉에게 당신의 나라에 대한 꿈을 꾸게 하신 것이다.

3

채색옷이
벗겨진 요셉

요셉에게 당신의 나라에 대한 꿈을 주신 하나님은 요셉을 영적으로
성장시키기 위한 일을 시작하셨다. 이 일은 야곱이 요셉에게 세겜
에서 양을 치고 있는 형들에 대한 동향을 살피고 오라고 명하는 것
으로 시작된다. 야곱은 이것이 요셉과 오랫동안 보지 못할 비극의
시작임을 알지 못했다.

"그의 형들이 세겜에 가서 아버지의 양 떼를 칠 때에 이스라엘이
요셉에게 이르되 네 형들이 세겜에서 양을 치지 아니하느냐 너를
그들에게로 보내리라 요셉이 아버지에게 대답하되 내가 그리하겠
나이다 이스라엘이 그에게 이르되 가서 네 형들과 양 떼가 다 잘
있는지를 보고 돌아와 내게 말하라 하고 그를 헤브론 골짜기에서
보내니 그가 세겜으로 가니라"(창 37:12-14).

형들을 찾아 나서는 요셉

사실 이 일은 야곱이 사랑하는 요셉과 오랜 시간 헤어져야 하는 운명의 순간을 만들어 냈다. 야곱과 요셉의 운명적인 헤어짐은 "잘 다녀오겠습니다"라는 짧은 인사말로 시작되었다. 이 생이별은 결국 22년이나 지속되었다. 야곱이 요셉을 보낸 지역은 '세겜'이다. 세겜은 야곱의 딸 디나에게 불행한 일이 생기고 이에 야곱의 아들들이 복수극을 벌인 장소다. 때문에 야곱은 자기 아들들이 주변 가나안 사람들에게 보복을 당하지 않을까 늘 불안했다. 다소 시간이 지났기에 많은 사람이 그 일을 잊어버렸지만, 여전히 세겜 사람들은 야곱 일가에 대해서 분노의 감정을 갖고 있었다. 야곱이 요셉을 형들이 있는 곳으로 보낸 것은 바로 이런 근심 때문이었다.

요셉을 보내는 야곱

야곱은 그때까지도 요셉과 다른 형제들 사이에서 벌어지는 갈등을 전혀 눈치채지 못했던 것 같다. 만일 알았더라면 요셉을 혼자 그곳에 보내지 않았을 것이다. 야곱은 비록 아버지였지만, 열두 아들 사이에 어떤 갈등이 있는지 전혀 몰랐다. 야곱이 요셉에게 채색옷을 입혀서 그를 편애했지만, 그 누구도 이에 대해서 아버지 야곱에게 이의를 제기하지 않았기 때문이다. 형들은 아버지의 편애에 대해 겉으로는 분노를 표현하지 않았지만, 속으로는 요셉을 대단히 미워하고 있었다.

36

그렇다면 왜 요셉의 형들은 아버지 야곱에게 불만을 토로하지 않았을까? 그 당시만 해도 자녀는 권위자인 부모에게 무조건 복종하는 것이 미덕이라 여겨졌던 시대였다. 아들이 아버지에게 반기를 들거나 불만을 표하는 것은 금기시되었다. 이런 예는 가인의 경우에서도 찾을 수 있다. 가인은 하나님이 자신의 제사는 받지 않고 동생 아벨의 제사만 받으셨을 때, 하나님에 대해서는 어떠한 원망도 하지 않았다. 대신 가인은 그 분노를 돌을 들어 아벨을 죽임으로써 표출했다. 야곱의 아들들도 자신들의 불만을 아버지에게는 표현하지 않았지만, 모두 다 요셉을 미워하고 있었다. 이를 모르고 있던 야곱이었기에 요셉을 홀로 형들이 있는 곳으로 떠나보낼 수 있었다. 그러나 이 일에는 하나님의 놀라운 섭리가 숨어 있었다. 하나님은 이런 야곱의 무지와 형들의 미움을 사용하셨다.

요셉도 형들이 자기를 얼마나 미워하는지 몰랐을까? 아마 알고 있었을 것이다. 아무리 둔한 사람이라도 영을 갖고 있기에 누가 자기를 좋아하고 싫어하는지 본능적으로 알 수 있다. 특별히 요셉은 대단히 섬세한 사람이었기에 형들이 자기를 미워하는 줄 알고 있었을 것이다. 하지만 형들이 자신을 죽이고 싶을 만큼 미워하는 줄은 꿈에도 생각하지 못했을 것이다. 그래서 요셉은 아버지의 명에 순종할 수 있었다. 야곱이 요셉을 불러 명하자 요셉은 "내가 그리하겠나이다"라고 대답하며 길을 떠났다.

돕는 자를 보내심

꼬박 이틀 길을 걸어서 세겜까지 간 요셉은 들판 여기저기를 찾아 헤맨다. 하지만 요셉은 형들을 발견할 수 없었다. 그러자 하나님이 돕는 자를 보내신다.

"어떤 사람이 그를 만난즉 그가 들에서 방황하는지라 그 사람이 그에게 물어 이르되 네가 무엇을 찾느냐 그가 이르되 내가 내 형들을 찾으오니 청하건대 그들이 양치는 곳을 내게 가르쳐 주소서 그 사람이 이르되 그들이 여기서 떠났느니라 내가 그들의 말을 들으니 도단으로 가자 하더라 하니라 요셉이 그의 형들의 뒤를 따라가서 도단에서 그들을 만나니라"(창 37:15-17).

요셉이 혼자 길을 떠나 세겜에 도착하여 여기저기를 돌아다니며 찾았으나 형들은 없었다. 이런 요셉의 모습은 마치 '들에서 방황하는 자'와 같았다. 우리가 미래를 알지 못하고 길을 떠나게 되면 반드시 이런 현상이 생긴다. 잘 알지 못하기에 찾아 헤매는 것이다. 수건으로 눈을 가리고 앞을 향해 걷게 하면 대부분의 사람은 약 20미터를 지나는 시점부터 원을 그리며 돈다고 한다. 이런 현상을 행동과학자들은 '윤형 방황'(輪形彷徨)이라고 말한다. 앞으로 가는 줄 알고 걷고 있지만, 사실은 원형을 그리면서 도는 것이다. 우리에게 영의 눈이 가려져 있을 때 이런 현상을 경험하게 된다. 앞으로 나아가지 못한 채 제자리에서 방황하는 것이다.

이때 우리에게는 안내자가 필요하다. 하나님은 우리가 방황할 때마다 반드시 안내자를 준비하여 우리를 인도해 가신다. 이것은 늘 하나님이 하시는 일이다. 모세가 애굽의 관리 한 사람을 죽이고 미디안 광야로 도망쳤을 때, 그는 어디로 가야 할지 몰라 방황했다. 그런 그가 전력을 다해 도망친 곳은 미디안 광야에 있던 한 우물가였다. 목이 말라서 목을 축이려고 하는데, 미디안 제사장의 딸 일곱이 그 지방의 목자들에게 놀림을 당하게 된다. 그때 모세가 일어나 그 문제를 해결하는데, 그것이 인연이 되어 십보라와 결혼하고 그곳에 정착하게 된다. 우연히 앉았지만, 그 우물가에는 하나님이 준비해 놓으신 돕는 자가 있었다.

요셉이 세겜에서 방황하고 있을 때, 한 사람이 나타나서 요셉을 돕는다. 그는 요셉에게 "네가 무엇을 찾느냐"라고 묻는다. 하나님은 늘 이렇게 우리를 도우신다. 그러므로 삶이 막혔다고 하지 말자. 그때는 하나님이 일하실 때다. 힘들고 어려울 때마다 하나님이 보내실 돕는 자를 기대하자. 하나님은 절대로 우리의 필요를 외면하지 않으실 것이다.

그런데 이때 요셉은 어떤 옷을 입고 있었는가? 먼 거리를 왔으니 여행자 복장이었을까, 아니면 목동 차림이었을까, 그도 아니면 채색옷을 입고 있었을까? 요셉은 형들을 찾아 먼 거리를 이동하면서도 채색옷을 입고 있었다. 그 먼 거리를 이동하려면 채색옷은 많이 불편했을 것이다. 하지만 요셉은 그때에도 채색옷을 입고 있었다. 요셉을 도와준 사람의 눈에는 얼마나 기이해 보였을까? 먼

거리를 이동해야 한다면 간편한 복장이어야 하는데, 그때에도 채색옷을 입고 있던 요셉을 생각해 보라. 이 사실은 우리에게 많은 것을 생각하게 한다.

요셉은 먼 거리를 이동하면서도 자신이 특별한 존재임을 잊지 않았다. 사실 채색옷은 야곱이 요셉에게 입힌 것으로 요셉과는 잘 맞지 않는 옷이었다. 이 옷은 아버지를 위해서 입은 것이지, 요셉 자신을 위한 것은 아니었다. 그럼에도 형들을 찾아 먼 길을 갈 때 채색옷을 입고 있었다는 것은, 이제 요셉이 채색옷과 자신을 동일시하고 있음을 보여 준다. 그는 채색옷처럼 자신은 형들과 다른 존재라고 생각했던 것이다. 그는 아직 자신의 실체를 보지 못하고 있다. 하지만 형들의 생각은 달랐다. 형들은 채색옷을 요셉이 입어야 할 옷이라 생각하지 않았다. 요셉은 형들의 이런 생각을 모른 채 채색옷을 입고 형들을 찾아온 것이다.

우리가 영적으로 성장하려면 가장 먼저 자신이 누구인가를 알아야 한다. 이것이 우리가 영적으로 성장하는 데 가장 기초가 되는 일이다. 만일 자신을 잘 모른다면, 자신에게 주어진 어떤 역할이나 지위를 자기 자신과 동일시할 것이다. 그런데 만일 그 역할이나 지위가 어떤 고난이나 역경을 통해서 더 이상 누릴 수 없는 것이라면 얼마나 많은 아픔과 고난을 겪게 될까? 우리는 자기가 누구인가를 성찰해야 한다. 가정에서는 아빠요, 엄마요, 자녀다. 또한 교회에서는 어떤 직분을 가지고 있으며, 직장이나 학교에서도 어떤 위치에 서 있다. 하지만 과연 진정한 '나'는 누구인가? 맡고 있는 역할과 지위가 과연 '나'인가? 만일 '나'의 진짜 모습과 맡은 지위나 역할이 맞지 않는다면 우리는 그 사실로 인해 큰 어려움을 경험하게 될 것이다. 하나님이 우리를 영적으로 성장시킬 때 가장 먼저 하시는 일이 있는데, 바로 우리의 존재와 우리가 맡고 있는 지위나 역할의 차이를 드러내시는 것이다.

요셉은 자기에게는 어울리지 않는 옷이었으나, 그 사실을 알지 못한 채 채색옷을 입고 형들을 찾아왔다. 그러나 세겜에 형들이 없다는 사실을 알게 된 그는 다시 형들이 있다는 도단을 향해 떠난다. 요셉은 채색옷을 입고 헤브론에서 세겜까지 약 80킬로미터를 걸어야 했고, 또 세겜에서 도단까지 약 32킬로미터를 걸어야 했다. 그러니 얼마나 힘이 들었겠는가? 분수에 맞지 않는 옷을 입고 홀로 걷는 요셉을 생각해 보라. 우리도 요셉처럼 잘 맞지 않는 옷을 입고 살 때가 있지 않았는가?

채색옷이 벗겨진 요셉

형들의 음모

요셉이 도단에 가까이 오자, 형들이 먼저 요셉을 알아봤다.

"요셉이 그들에게 가까이 오기 전에 그들이 요셉을 멀리서 보고 죽이기를 꾀하여 서로 이르되 꿈꾸는 자가 오는도다 자, 그를 죽여 한 구덩이에 던지고 우리가 말하기를 악한 짐승이 그를 잡아먹었다 하자 그의 꿈이 어떻게 되는지를 우리가 볼 것이니라 하는지라"(창 37:18-20).

형들이 먼저 요셉을 알아본 것은 그가 채색옷을 입었기 때문이다. 모두가 초록색인 들판에 알록달록한 옷을 입은 자가 나타났으니 눈에 얼마나 잘 띄었겠는가? 황소가 펄럭이는 붉은 깃발을 보면 흥분하듯이, 요셉의 화려한 옷을 본 형들의 마음도 술렁이기 시작했다. 그동안 채색옷을 보면서 쌓인 분노가 일시에 올라온 것이다. 특별히 지금 형들이 있는 곳에는 그들의 분노를 제어해 줄 아버지 야곱이 없었다. 때문에 형들은 요셉에게 분노를 표출하는 것에 거리낌이 없었다. 형들은 집에서 멀리 떨어진 곳에서 요셉의 채색옷을 보자 분노가 치솟았다.

'저 채색옷! 아버지가 우리를 무시하고 오직 저 녀석만 사랑해서 입힌 저 옷!'

요셉에게는 채색옷이 자랑일 수도 있고 자기 성취일 수도 있지만, 형들에게는 그것이 분노를 자극하기에 충분했다. 형제들은 요셉이 가까이 오기 전에 이미 요셉을 죽여서 구덩이에 던지고 악한 짐승에게 잡아먹혔다고 아버지 야곱에게 거짓말을 하기로 서로 단합한다. 그리고 그들은 요셉이 꾼 꿈이 어떻게 되는지 보기로 한다. 그곳에 있던 형제들은 어린 베냐민을 제외한 총 열 명이었는데, 모두 요셉과는 배가 다른 아들들이었다. 때문에 그들은 금방 하나가 되어 그동안 받은 수모를 되돌려 주고자 결심한다. 하지만 장자였던 르우벤이 요셉을 살리려고 새로운 안을 제시한다.

"르우벤이 듣고 요셉을 그들의 손에서 구원하려 하여 이르되 우리가 그의 생명은 해치지 말자 르우벤이 또 그들에게 이르되 피를 흘리지 말라 그를 광야 그 구덩이에 던지고 손을 그에게 대지 말라 하니 이는 그가 요셉을 그들의 손에서 구출하여 그의 아버지에게로 돌려보내려 함이었더라"(창 37:21-22).

형제들끼리 요셉을 죽이기로 결정했는데, 장자인 르우벤이 뒤늦게 등장하여 "그의 생명은 해치지 말자"고 형제들을 설득한다. 아마도 르우벤이 잠시 자리를 뜬 사이에 다른 형제들이 요셉을 죽이기로 단합했던 것으로 보인다. 돌아온 르우벤은 형제들이 요셉을 죽이기로 결심했음을 보고 놀라며 타협안을 제시한다. 그렇게 해서 요셉을 아버지에게로 돌려보내려고 생각했던 것 같다. 그는 장자로서 아버지가 없을 때 가족을 보호해야 한다는 생각을 갖고 있었던 듯하다.

채색옷이 벗겨짐

르우벤의 말은 형제애와 양심을 자극하는 효과가 있었다. 모두 다 르우벤의 말에 동의한다. 아무리 미워도 동생인 요셉을 직접 죽이는 것은 부담이 되었던 것이다. 그들은 요셉을 죽이지 않고 구덩이에 던져 넣기로 한다. 이때 요셉이 입고 있던 채색옷이 형들에 의해서 벗겨진다.

"요셉이 형들에게 이르매 그의 형들이 요셉의 옷 곧 그가 입은 채색옷을 벗기고 그를 잡아 구덩이에 던지니 그 구덩이는 빈 것이라 그 속에 물이 없었더라"(창 37:23-24).

드디어 요셉의 채색옷이 형들에 의해서 강제적으로 벗겨진다. 하나님이 형들의 손을 빌려 요셉이 입고 있던 채색옷을 벗기신 것이다. 이때 요셉은 어떤 마음이었을까? 요셉은 난생처음으로 수치심과 자신의 무능함을 경험했을 것이다. 그동안 자신과 채색옷을 동일시하며 자신을 특별한 존재로 생각했던 요셉으로서는 큰 충격이 아닐 수 없었을 것이다. 요셉을 영적으로 성장시키기 위해 하나님이 가장 먼저 하신 일은 그의 채색옷을 벗기는 것이었다. 자신이 진짜 누구인가를 알 수 있도록 요셉의 채색옷을 벗기신 것이다.

채색옷이 벗겨진 요셉이 던져진 곳은 물이 없는 구덩이였다. 팔레스타인 지역에는 자연적으로 생긴 구덩이가 많았다고 한다. 이 구덩이는 비가 올 때는 저수용으로 쓰였고, 비어 있을 때는 죄수들을 가두는 감옥 역할을 했다고 한다. 속은 넓지만 입구가 좁아서 한번 들어가면 쉽게 나올 수 없었다. 다행히 요셉이 던져진 구덩이에는 물이 없었기에 그가 즉시 죽지는 않았다. 여기서 동사

'던지다'는 히브리어로 '살라크'(사역형)라 하는데, 이는 불태워 없애거나, 녹이거나, 물에 흘려보내 사라지게 할 때 사용하는 단어다. 형들이 요셉의 채색옷을 벗길 때 어떤 마음이었는가를 알 수 있다. 사실 이때 요셉은 형들에 의해서 이미 죽은 것이나 마찬가지였다. 이때 요셉이 어떤 마음이었는지에 대해서는 성경이 함구하고 있지만, 채색옷이 벗겨진 채 구덩이에 던져진 요셉은 죽음의 공포와 두려움에 부들부들 떨고 있었을 것이다.

하나님은 우리가 영적으로 온전히 성장하기를 원하신다. 때문에 강제적으로 우리가 입고 있던 옷을 벗기거나, 찢겨지는 경험을 허락하신다. 그때 우리가 해야 할 일은 고난과 고통을 있는 그대로 받아들이는 것이다. 모든 일에 하나님의 섭리가 있음을 믿고 모든 고난과 고통을 받아들여야 한다. 벗겨진 옷에 더 이상 미련을 가져서는 안 된다. 하나님이 새롭게 입혀 주실 옷을 기대하자. 비록 그 옷이 처음에 입었던 것처럼 좋은 옷은 아닐 수도 있다. 하지만 이 모든 일은 우리를 영적으로 성장시켜 당신의 나라를 위해 쓰시려는 하나님의 계획임을 알아야 한다. 시작된 고난과 고통을 두려워하지 말자. 모든 것을 하나님께 맡기고 단단한 믿음으로 서자. 기꺼이 모든 시련과 연단을 믿음으로 받아들이자.

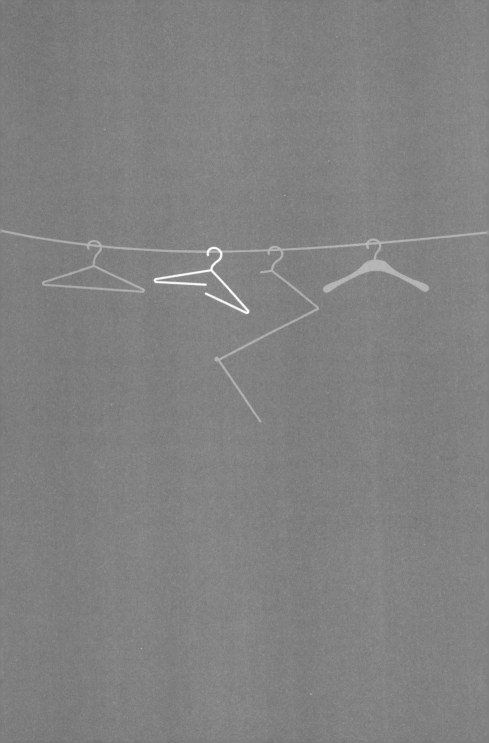

2부

종의 옷을
입은 요셉

1

애굽으로
팔려 가는
요셉

한 사람이 영적으로 성장하기 위해서는 많은 연단의 과정을 거치게 되는데, 하나님이 요셉에게 가장 먼저 하신 일은 그가 입은 채색옷을 벗기는 것이었다. 그동안 요셉이 입고 다녔던 채색옷은 그에게 잘 맞는 옷이 아니었다. 그것은 야곱이 요셉을 사랑했기에 입힌 옷이었다. 그러므로 어떤 의미에서 본다면 채색옷은 바로 야곱을 위한 옷이었다. 하지만 요셉은 그 옷을 입고 다니면서 좋은 결과를 얻지 못했다. 그 옷 때문에 형제들과 불화할 수밖에 없었고, 요셉도 자신을 채색옷과 점차 동일시하면서 삶의 방향을 잃어가고 있었다. 그렇기에 하나님은 가장 먼저 요셉이 오랫동안 입고 다니던 채색옷을 벗기셨던 것이다.

요셉을 판 형제들

맏형 르우벤의 요청으로 요셉을 죽이지 않고 구덩이에 던져 넣었던 형들은 마침 그곳을 지나가는 대상들을 발견하게 된다. 이때 유다가 나서서 요셉을 대상들에게 팔자고 제안한다.

"그들이 앉아 음식을 먹다가 눈을 들어 본즉 한 무리의 이스마엘 사람들이 길르앗에서 오는데 그 낙타들에 향품과 유향과 몰약을 싣고 애굽으로 내려가는지라 유다가 자기 형제에게 이르되 우리가 우리 동생을 죽이고 그의 피를 덮어 둔들 무엇이 유익할까 자 그를 이스마엘 사람들에게 팔고 그에게 우리 손을 대지 말자 그는 우리의 동생이요 우리의 혈육이니라 하매 그의 형제들이 청종하였더라 그때에 미디안 사람 상인들이 지나가고 있는지라 형들이 요셉을 구덩이에서 끌어올리고 은 이십에 그를 이스마엘 사람들에게 팔매 그 상인들이 요셉을 데리고 애굽으로 갔더라"(창 37:25-28).

한편 구덩이에 던져진 요셉은 형들에게 살려 달라고 애원했다. 물론 본문에는 이에 대한 자세한 내용이 기록되어 있지 않지만, 나중에 요셉의 형들이 자신들이 한 일을 회상하면서 자책할 때 그 당시 요셉이 보인 반응을 말한다.

"그들이 서로 말하되 우리가 아우의 일로 말미암아 범죄하였도다 그가 우리에게 애걸할 때에 그 마음의 괴로움을 보고도 듣지 아니하였으므로 이 괴로움이 우리에게 임하도다"(창 42:21).

그런데 그때 형들은 등을 돌리고 앉아서 요셉이 가져온 음식을 즐기고 있었다. 참으로 잔인한 사람들이다. 자신들의 동생이 살려 달라고 애원하고 있는데, 어찌 태연하게 등을 돌리고 앉아서 음식을 먹을 수 있단 말인가! 그들은 채색옷을 벗기고 구덩이에 던진 순간부터 요셉을 마음속에서 지워 버린 것 같다. 그들은 이미 요셉을 죽은 사람으로 취급했다.

지혜를 발휘한 유다

그때 눈을 들어 보니 "한 무리의 이스마엘 사람들이 … 향품과 유향과 몰약을 싣고 애굽"으로 내려가고 있었다. 이스마엘 사람들이란 애굽과 메소포타미아 지역 그리고 가나안을 오고 가며 무역업에 종사하는 사람들을 가리키는 말이다. 이때 '눈을 들어 보았다'는 것은 요셉의 형제들이 그들을 유심히 관찰했음을 말해 준다. 그때 하나님이 유다에게 한 생각을 넣어 주셨다.

"우리가 우리 동생을 죽이고 그의 피를 덮어둔들 무엇이 유익할까 자 그를 이스마엘 사람들에게 팔고 그에게 우리 손을 대지 말자 그는 우리의 동생이요 우리의 혈육이니라"(창 37:26-27).

유다는 형제들끼리 계획한 내용을 '죽이고 덮는다'라는 두 용어로 요약하면서, 그렇게 한들 무슨 유익이 있겠느냐고 형제들을 설득한다. 그러자 다른 형제들이 유다의 말에 귀를 기울인다.

마침 상인들이 가까이 오자 요셉의 형제들은 그 상인들을 불러 요셉을 놓고 흥정을 한 후 은 스무 개를 받고 요셉을 그들에게 팔아넘긴다. 이로써 요셉은 가나안 땅을 떠나 애굽으로 향하게 되었다. 요셉이 죽지 않고 애굽으로 팔려 가게 된 데에는 넷째 형인 유다의 역할이 컸다. 이 일은 우연히 된 것이 아니라, 하나님의 섭리 중에 일어난 일이었다. 하나님은 유다를 통해 당신의 뜻을 이루신 것이다.

'부화뇌동'(附和雷同)이라는 말이 있다. 이것은 줏대 없이 남의 의견에 따라 움직이는 것을 말한다. 우리는 그리스도인으로서 사람들의 뜻에 부화뇌동하기보다는 하나님의 뜻을 먼저 분별해야 한다.

"너희는 이 세대를 본받지 말고 오직 마음을 새롭게 함으로 변화를 받아 하나님의 선하시고 기뻐하시고 온전하신 뜻이 무엇인지 분별하도록 하라"(롬 12:2).

그리스도인은 이 세상에 남은 마지막 희망이다. 그러므로 이 시대의 풍조에 휩쓸려서는 안 된다. 성령과 함께 매일 하나님의 말씀에 합당한 삶을 살고 있는지 분별하며 살아야 한다. 그때 내면의 영성이 강화되고, 그리스도인으로서의 정체성이 분명해지기 때문이다. 때로는 많은 사람과 하나가 되어 힘을 합칠 때도 있지만, 하나님의 뜻이 분명할 때는 바른 목소리를 낼 수 있어야 한다. 그것이 이 세상을 밝히는 길이다. 유다는 다른 형제들과 늘 생각이 조금씩 달랐다. 우리는 요셉의 이야기를 살펴보면서 지혜로운 유다를 만나게 된다. 유다는 넷째 아들이었지만 이런 지혜 때문에 열두 지파를 대표할 수 있었고, 이 지파를 통해서 예수님이 이 땅에 오셨다.

하나님의 섭리 안에서

그 후에 르우벤이 돌아와 보니 구덩이에 요셉이 없었다. 그러자 그는 옷을 찢으며 울부짖는다.

"아이가 없도다 나는 어디로 갈까"(창 37:30).

그는 어떻게든 요셉을 살려 보려 노력했는데, 그 일이 수포로 돌아가고 말았다. 그는 맏아들로서 책임을 다하지 못했음을 한탄했다. 그러나 이것은 다 하나님의 섭리 가운데 일어난 일이었다. 하나님은 르우벤에 의해서 요셉의 목숨을 먼저 건지신 다음, 르우벤으로 하여금 잠시 자리를 비우게 한 뒤에 유다를 통해 요셉을 애굽 상인들에게 노예로 팔아서 미래를 준비하셨던 것이다. 우리에게는 모든 일이 우연히 된 것처럼 보이지만, 하나님은 당신의 계획대로 모든 일을 착착 진행하신다. 우리는 지금도 하나님의 섭리 가운데 살고 있다. 믿는 자들에게는 '우연이란 없다'는 사실을 기억해야 한다.

하나님은 사울을 초대 왕으로 세울 때도 이와 비슷한 일을 하셨다. 베냐민 지파에 속한 사울은 어느 날 그의 아버지 기스가 암나귀들을 잃어버렸을 때 사환과 함께 암나귀들을 찾으러 떠나게 된다. 우리 눈에는 이 일이 우연처럼 보이지만, 이것은 다 하나님의 각본이었다. 이 일을 통해 사울은 사무엘로부터 기름 부음을 받아 이스라엘의 초대 왕이 되기 때문이다. 하나님은 우주 만물을 창조하시고, 지금도 운행하시며, 결국 이 땅을 심판한 후에 당신의 영원한 나라를 세우실 분이다. 그분은 "알파와 오메가요 처음과 마지막이요 시작과 마침"(계 22:13)이시다. 예수님도 참새 한 마리가 땅에 떨어지는 것조차 하나님의 허락하심이라 말씀하셨다 (마 10:29 참조). 온 만물과 우주를 작용하시는 하나님의 섭리 속에 우리의 삶은 자리한다.

아버지 야곱을 속인 요셉의 형들

죽음의 증거가 된 채색옷

형제들은 요셉을 노예로 팔고 그의 피 묻은 채색옷을 가지고 집으로 돌아온다.

"그들이 요셉의 옷을 가져다가 숫염소를 죽여 그 옷을 피에 적시고 그의 채색옷을 보내어 그의 아버지에게로 가지고 가서 이르기를 우리가 이것을 발견하였으니 아버지 아들의 옷인가 보소서 하매 아버지가 그것을 알아보고 이르되 내 아들의 옷이라 악한 짐승이 그를 잡아먹었도다 요셉이 분명히 찢겼도다 하고"(창 37:31-33).

벗겨진 요셉의 채색옷은 그가 죽었다는 증거물로 변신한다. 요셉의 형들은 그 채색옷을 찢고 거기에 인간의 피와 비슷하게 보이는 염소의 피를 바른 다음 아버지 야곱에게 그 옷을 슬며시 내민다. 그러자 야곱은 요셉이 악한 짐승에게 잡아먹혔다고 생각하며 통곡을 한다. 야곱이 완전히 속은 것이다. 이 일은 과거에 야곱이 그의 아버지 이삭을 속인 일을 생각나게 한다. 이삭은 야곱이 입은 에서의 옷에 속았고, 야곱은 요셉의 찢긴 채색옷에 속았다. 우리가 입고 있는 옷은 이처럼 누군가를 속이는 도구가 되기도 한다.

"우리가 이것을 발견하였으니 아버지 아들의 옷인가 보소서 하매"(창 37:32).

열 명의 아들이 아버지 앞에 요셉의 피 묻은 옷을 내밀면서 하는 말이 참으로 잔인하다. 여기서 요셉의 형제들은 요셉을 '아버지 아들'이라고 표현한다. 형제의 관계를 지워 버리고 야곱의 편애를 꼬집는 것이다. 이러한 표현은 그들이 얼마나 요셉에게 적개심을 갖는지를 잘 드러낸다. 아들들은 "아버지 아들의 옷인가 보소서"라고 말하며 야곱 스스로 요셉의 찢긴 옷을 보고 사건을 유추하게 한다. 자기들이 한 일은 철저히 숨기고 최소한의 정보만을 건넨다. 이로써 야곱이 다른 질문을 할 수 없게 한다. 자신들도 찢긴 채색옷만 발견했을 뿐 요셉이 어떻게 됐는지는 잘 모르니, 아버지가 스스로 결론을 내리라는 것이다. 사실 이런 교활함은 아버지 야곱에게서 물려받은 것이었다. 야곱은 아들들이 예상한 대로 "내 아들의 옷이라 악한 짐승이 그를 잡아먹었도다 요셉이 분명히 찢겼도다"라고 소리를 지르며 통곡을 한다. "요셉이 분명히 찢겼도다"라는 표현은 아들들의 숨은 의도가 성공했음을 보여 준다. 그들은 찢긴 채색옷을 아버지에게 보임으로써 요셉이 짐승에게 찢겨 죽었다는 결론을 야곱 스스로 내리게 했다.

야곱의 성급한 결론

하지만 야곱이 내린 결론은 너무 성급했다. 왜 야곱은 아들들에게 '이 채색옷을 어디서 발견했는지'를 묻지 않았을까? 또 그 채색옷에 묻은 피를 보면서 왜 그것이 요셉의 피인지, 짐승의 피인지를 확인하지 않았을까? 만일 요셉이 악한 짐승에게 잡아먹혔다면, 그 채색옷에는 분명히 짐승의 털이나 요셉이 반항한 흔적이 남아 있었을 것이다. 그런데 왜 야곱은 아들들이 내민 채색옷을 자세히 살피지 않은 채 요셉이 죽었다는 결론을 쉽게 내린 것일까?

여기에는 요셉을 홀로 보낼 때 가졌던 야곱의 마음이 반영되어 있다. 야곱은 엉겁결에 요셉을 혼자 보냈지만, 보내 놓고는 불안한 마음에 잠도 제대로 자지 못했던 것 같다. 사람은 영적인 존재이기에 영적인 감각이 살아 있다. 비록 영적 감각이 미미하기에 모든 것을 정확히 분별하지는 못하지만 한 가지 느낄 수 있는 감정이 있다. 그것은 불안이라는 부정적인 감정이다. 만일 우리 마음에 불안이 느껴진다면 그리고 그 감정이 우리 안에서 오랫동안 지속된다면, 우리는 그 불안이 무엇을 의미하는지 분별할 필요가 있다. 이때 우리는 무릎을 꿇고 주님께 기도하면서 이 불안의 실체가 무엇인가를 분별해야 한다.

지금 야곱에게 생긴 불안한 마음은 이유가 분명한 감정이었다. 그러므로 야곱은 무릎을 꿇고 하나님께 기도하면서 그 불안한 마음을 내려놓아야 했다. 비록 요셉이 자신의 통제 범위를 벗어나 세겜을 향하고 있지만, 그는 적어도 기도할 수는 있지 않았을까? 야곱은 여러 차례 하나님을 체험한 경험이 있었다. 때문에 야곱의 영적인 직감은 그 누구보다도 분명했다고 생각한다. 만일 이때 야곱이 하나님께 기도했다면 과연 어떤 결과가 있었을까? 하지만 야곱은 기도하지 못했다. 불안한 마음으로 요셉이 돌아오기만을 기다렸다. 그런데 요셉의 형들이 요셉의 찢어진 채색옷을 내밀었다. 이에 야곱은 자신이 염려했던 일이 현실이 되었다고 쉽게 결론을 내린 것이다. 야곱이 찢어진 채색옷을 보며 단 한마디도 질문하지 않은 채 성급하게 결론을 내린 이유가 여기에 있다.

불안할 때 우리가 할 수 있는 일이 있다. 비록 모든 상황을 통제할 수는 없지만, 그 모든 상황을 통제하고 계시는 하나님께 기도해야 한다. 사도 바울은 우리에게 "아무것도 염려하지 말고 다만 모든 일에 기도와 간구로, 너희 구할 것을 감사함으로 하나님께 아뢰라 그리하면 모든 지각에 뛰어난 하나님의 평강이 그리스도 예수 안에서 너희 마음과 생각을 지키시리라"(빌 4:6-7)라고 말했다. 우리는 그리스도인으로서 영적인 직감을 갖고 있다. 만일 불안하거나 두렵다면 그냥 넘어가지 말고 기도로 하나님께 아뢰어야 한다. 불안은 우리에게 기도하라고 주시는 하나님의 사인이다.

야곱의 눈물

요셉이 짐승에게 찢겨 먹잇감이 되었다는 사실을 굳게 믿은 야곱은 그때부터 슬프고 괴로운 삶을 시작한다.

> "자기 옷을 찢고 굵은 베로 허리를 묶고 오래도록 그의 아들을 위하여 애통하니 그의 모든 자녀가 위로하되 그가 그 위로를 받지 아니하여 이르되 내가 슬퍼하며 스올로 내려가 아들에게로 가리라 하고 그의 아버지가 그를 위하여 울었더라"(창 37:34-35).

성경에 보면 야곱이 울었다는 이야기가 앞의 구절을 포함하여 두 번 나온다. 첫째는, 젊은 시절 그가 집을 떠나 하란 땅 우물가에서 라헬을 만났을 때였다(창 29:11 참조). 야곱은 라헬이 자기가 찾던 친족임을 알고, 그에게 입 맞추고 소리 내어 울었다. 사랑하는 어머니 리브가와 집을 떠난 설움이 라헬 앞에서 터진 것이다. 둘째는, 요셉의 찢긴 채색옷을 보고 통곡하는 장면이다. 이때부터 야곱은 우울한 삶을 이어 간다. 다른 자녀들이 위로하려고 노력했으나, 야곱은 그 위로를 받아들이지 않았다. 야곱은 이때부터 요셉이 애굽에 살아 있다는 소식을 들을 때까지 슬픔이 가득한 삶을 살았다.

요셉의 형제들도 이 일로 인해 큰 어려움을 겪게 되었다. 요셉이 사라지면 아버지의 사랑이 자신들에게 돌아오리라 생각했는데, 그것마저 이루어지지 않았기 때문이다. 그들은 요셉을 노예로 팔았다는 죄책감과 함께 날마다 우울한 아버지 야곱을 보면서 가슴 아픈 삶을 살아야 했을 것이다. 이로써 야곱의 가정은 한순간에 어둠이 진하게 드리운 슬픔의 가정이 되고 말았다.

2

종의 옷을
입은 요셉

형들에게 미움을 받아 구덩이에 던져졌던 요셉은 결국 노예상들에게 은 스무 개에 팔려서 애굽으로 끌려갔다. 요셉은 채색옷 대신에 종의 옷을 입고 보디발의 집에서 노예로서 새로운 삶을 시작했다. 하나님은 요셉을 철저히 밑바닥에서부터 연단하기 시작하셨다.

시작된 훈련

요셉은 보디발의 집으로 팔려 갔다. 사람은 누구나 자신이 버려졌다고 생각하면 심리적으로 무너지기 마련이다. 정상적인 판단과 행동을 할 수 없게 된다. 요셉은 하루아침에 삶의 모든 것이 바뀌었다. 자신이 입고 있던 채색옷이 벗겨지더니, 이제는 종의 옷을 입고 보디발의 집에서 노예의 삶을 시작한 것이다. 과연 요셉은 이런 상황을 어떻게 견뎌 냈을까? 어떻게 형들에 대한 분노와 혼자라는 외로움과 아버지에 대한 그리움을 이겨 냈을까?

헨리 T. 블랙커비(Henry T. Blackaby)는 그의 책《헨리 블랙커비의 영적 리더십》에서 "영적 리더십은 저절로 되는 것이 아니다. 하나님이 리더의 인간 성품을 당신과의 관계 안에서 키워주심으로 가능하다. 여기서 인간 성품은 지혜, 성실, 정직, 도덕적 순결 등을 말한다. 그리고 하나님과의 관계란 하나님을 믿고 순종하며 사랑하는 것이다"라고 말한다.[*] 블랙커비는 요셉이 훗날 애굽의 총리가 되어 하나님의 뜻을 이룰 때 필요한 모든 덕목을 말하고 있다. 이제부터 13년간, 하나님은 요셉의 내면에서 이 모든 덕목을 훈련시키실 것이다.

여호와께서 함께하심

"요셉이 이끌려 애굽에 내려가매 바로의 신하 친위대장 애굽 사람 보디발이 그를 그리로 데려간 이스마엘 사람의 손에서 요셉을 사니라 여호와께서 요셉과 함께하시므로 그가 형통한 자가 되어 그의 주인 애굽 사람의 집에 있으니 그의 주인이 여호와께서 그와 함께하심을 보며 또 여호와께서 그의 범사에 형통하게 하심을 보았더라"(창 39:1-3).

---

[*] 헨리 블랙커비, 《헨리 블랙커비의 영적 리더십》(두란노, 2002), p. 67 참조.

요셉이 팔려 온 집의 주인은 보디발이었다. 그는 '바로의 신하 친위대장'이라고 기록되어 있다. 여기서 '친위대장'이란 왕을 최측근에서 경호하는, 요즘으로 말하면 대통령 경호실장쯤 되는 위치다. 대단히 큰 권세를 갖고 있었던 그의 집에는 많은 종과 함께 죄를 범한 왕의 신하들만을 가두는 감옥이 있었다. 여기서 요셉은 그들과 함께 종의 옷을 입고 가장 힘든 삶을 살기 시작했다. 고급스러운 채색옷을 입고 사랑을 독차지하던 그가 갑자기 인생의 밑바닥으로 떨어진 것이다. 이제는 자유조차 주장할 수 없는 노예의 신분이 된 것이다. 하나님은 가장 밑바닥에서부터 요셉을 훈련시키셨다.

요셉은 형제들에게서 버림 받고 노예로 팔려 갔지만, 성경에는 그에 대한 부정적인 내용이 거의 등장하지 않는다. 그는 비교적 어린 청소년기에 형제들로부터 버림을 받았다. 만일 우리가 요셉과 같은 나이에 버림을 받았다면 과연 제대로 된 삶을 살 수 있었을까? 장담할 수 없는 일이다. 채색옷을 입고 다니며 사랑을 받던 사람이 하루아침에 아버지와 생이별하고 노예가 되었는데 어떻게 흔들림이 없었겠는가? 아버지가 보고 싶고 집이 그리워 눈물로 살지 않았을까? 아니면 형들에 대한 분노와 복수심으로 이를 갈며 살지 않았을까? 그런데 성경에 보면 요셉에 대해서는 이런 부정적인 내용이 전혀 기록되어 있지 않다. 요셉은 자신의 변화를 그대로 수용했으며, 종의 삶에 최선을 다했다.

그런데 한번 생각해 보자. 비록 성경에는 요셉의 부정적인 모습이 단 한 줄도 기록되어 있지 않지만, 정말 요셉이 처음부터 아무런 저항도 없이 순종하며 살았을까? 아무리 요셉이라 할지라도 그는 열일곱 살밖에 되지 않은 청소년이었으며, 정서적으로 가장 예민한 시기를 보내고 있었다. 이런 상황이었기에 아무런 저항도, 반항도 없었다는 말이 현실적으로 잘 받아들여지지 않는다. 그의 내면에는 저항하고 싶은 마음이 있었을 것이다. 남모르게 눈물을 흘리며 아버지와 집을 그리워했을 것이다. 하지만 성경에는 이런 기록이 전혀 없다. 다만 요셉에게는 비장의 무기가 있었던 듯하다. '여호와께서 요셉과 함께하시므로 그가 형통한 자가 되었다'(창 39:23 참조)는 것이다. 하나님이 요셉과 동행하셨던 것이다.

그렇다면 '여호와께서 요셉과 함께하셨다'는 말은 무엇을 의미할까? 요셉이 체험한 영적 경험을 말하는 것일까? 아니면 하나님이 요셉에게 어떤 특별한 능력을 주셨다는 것일까? 아니다. 놀랍게도 요셉에게는 야곱처럼 하나님을 체험한 특별한 경험이 없었다. 적어도 성경에 나오는 요셉의 이야기에는 이런 영적 체험이 기록되어 있지 않다. 그렇다면 '여호와께서 요셉과 함께하셨다'는 말의 의미는 무엇일까?

형통한 자가 된 요셉

하나님은 요셉에게 영적 체험 대신에 그가 하는 모든 일에 형통함을 주셨다. 요셉은 하나님을 내적인 체험으로 알게 된 것이 아니라, 외적인 일의 결과로 하나님을 경험하고 있었던 것이다.

성경에서 '형통하다'는 것은 우리가 일반적으로 생각하듯이 모든 것이 순조롭게 진행되어 감을 의미하지 않는다. 이것은 환경의 변화와 관계없이 하나님과 충실한 관계를 맺을 때 사용하는 말이다. 비록 요셉에게 급격한 변화가 있었으나, 그는 이에 낙심하지 않고 모든 것을 쉽게 받아들였다. 그는 자신에게 일어나고 있는 모든 일에 하나님의 섭리가 있음을 인정하고 최선의 삶을 살았던 것이다. 그 결과 요셉은 하는 일마다 하나님의 복을 누려 형통한 삶을 살았다. 비록 종의 옷을 입고 있었으나, 그는 '형통한 자'라는 말을 들었던 것이다.

> "그의 주인이 여호와께서 그와 함께하심을 보며 또 여호와께서 그의 범사에 형통하게 하심을 보았더라"(창 39:3).

요셉의 형통한 삶은 보디발이 인정할 만큼 대단히 구체적인 결과가 있었던 것 같다. 특별히 보디발은 이런 요셉의 형통한 삶을 보면서 "여호와께서 그와 함께하심을" 보았다. 이방인이 요셉의 형통한 삶을 통해서 하나님을 인식했다고 하니 얼마나 놀라운 일인가? 보디발은 이런 요셉을 가정 총무로 세우고 모든 재산을 관리하게 했다.

> "그가 요셉에게 자기의 집과 그의 모든 소유물을 주관하게 한 때부터 여호와께서 요셉을 위하여 그 애굽 사람의 집에 복을 내리시므로 여

호와의 복이 그의 집과 밭에 있는 모든 소유에 미친지라 주인이 그의 소유를 다 요셉의 손에 위탁하고 자기가 먹는 음식 외에는 간섭하지 아니하였더라 요셉은 용모가 **빼어나고** 아름다웠더라"(창 39:5-6).

그런데 놀라운 사실은, 보디발이 요셉에게 자기 재산을 다 관리하게 한 때부터 더 큰 복을 받았다는 것이다. 때문에 보디발은 요셉을 더욱 신뢰해서 '자기가 먹는 음식' 외에는 간섭하지 않았다. 그만큼 요셉은 보디발로부터 신임을 받고 있었다.

종의 옷을 입고도 형통한 요셉

여기서 한 가지 생각하고 넘어가야 할 문제가 있다. 그것은 요셉이 아버지 야곱에게만 사랑을 받은 것이 아니라 보디발에게도 인정을 받았다는 사실이다. 즉 채색옷을 입고 아버지의 총애를 받았던 요셉은 종의 옷을 입고도 보디발에게 인정을 받아 가정 총무라는 특별한 지위에 오르게 되었다. 상황이 바뀌고 환경이 바뀌었음에도 요셉은 어디서나 인정과 사랑을 받았다.

어떻게 이런 일이 가능했을까? 하나님이 요셉을 무조건 축복하셨기 때문일까? 그렇지 않다. 만일 본문을 그렇게 해석한다면, 우리는 하나님을 야곱과 동일하게 편애하시는 분으로 볼 수 있다. 모든 사람이 아니라 요셉에게만 특별한 복을 주시는 분으로 오해할 수 있기 때문이다. 그렇다면 요셉에게는 무엇이 있었는가? 무엇이 요셉의 삶을 이처럼 빛나게 했을까?

긍정의 삶을 살았던 요셉

요셉에게서 발견되는 복의 원리는 바로 '긍정의 삶'이다. 요셉은 아버지 야곱과 함께 살 때도 모든 것을 긍정했다. 형들은 아버지 몰래 죄를 짓기도 하고, 아버지를 속이기도 했다. 그러나 요셉에게는 그런 모습이 전혀 없었다. 그는 아버지에게 절대적으로 순종하며 살았다. 그리고 지금은 보디발의 집에서 종의 옷을 입고 종으로 살고 있지만, 요셉은 낙심하거나 불평하지 않고 종으로서도 충실한 삶을 살았다. 이런 요셉의 삶을 한마디로 정의하자면, 바로 '긍정의 삶'이라 할 수 있다.

그렇다면 '긍정'이란 무엇일까? 우리는 무엇이든지 다 잘될 것으로 믿는 것을 '긍정'이라 생각할 수 있다. '다 잘될 거야. 하나님이 함께 계시니까.' 그런데 이런 생각은 참된 긍정이 아니다. 좋지 않은 것을 좋게 여기는 것은 긍정이 아니라 왜곡일 수 있다. 실제로 시중에서 판매되고 있는 긍정에 관한 책들을 보면, 부정적인 에너지가 내면에 스며들지 않도록 매사를 좋게 보라는 내용이 많이 담겨 있다. 그것을 긍정이라는 말로 이해하게 한다. 이 책들을 보면 긍정적인 사람들이 부정적인 사람들보다 더 나은 삶을 산다고 말한다. 과연 그럴까? 그러나 내 경험상 꼭 그런 것만은 아니다. 사실 나도 매사를 긍정적으로 생각하며 살아온 사람이다. 좌절할 수밖에 없는 상황 속에서도 늘 긍정적인 말을 했고, 그렇게 될 거라 믿으며 기도했다. 지금까지 목회를 하면서 긍정에 관한 많은 설교도 해 왔다. 그런데 오랫동안 목회를 하다 보니, 긍정적인 사람이라고 해서 매사가 잘 풀리고 복을 받는 것은 아님을 보게 된다. 매우 긍정적임에도 불구하고 불행한 삶을 사는 성도도 많고, 매사에 부정적임에도 불구하고 나름 괜찮은 삶을 사는 사람도 많다. 이런 결과를 보면서, 나는 '참된 긍정이란 무엇인가'를 고민하기 시작했다.

참된 긍정이란 무엇인가

'긍정'이라는 단어를 사전에서 찾아보면 "그러하다고 생각하여 옳다고 인정함"(표준국어대사전)이라고 정의되어 있다. '사물의 존재 방식을 있는 그대로 승인하는 것'이다. 그렇다면 '긍정'이라는 말은 매사를 좋게 여기는 것이 아니라, 수용하고 인정한다는 뜻이다. 불행한 일을 만났을 때는 불행하다는 사실을 인정하고, 부정적인 상황이 전개될 때는 그 사실을 인정하는 것이 긍정이다. 부정적인 상황을 보면서도 '좋다'고 말하거나 '다 잘될 거야'라고 생각하는 것은 긍정이 아니라 왜곡이다. 현실을 부정하는 것이기 때문이다.

어느 가정에서 있었던 일이다. 초등학교에 다니는 자녀에게 사회성의 문제가 있어서 담임 선생님과 면담을 하게 되었다. 담임 선생님은 '그래도 긍정적으로 생각하자'며 '다 잘될 것'이라고 말했다. 그 말을 들은 엄마는 순간적으로 그리 나쁘지 않았다. 긍정적인 말을 들으니 안심이 되었던 것이다. 그런데 사실을 생각해 보자. 중요한 것은 엄마의 마음이 아니라 자녀의 상태가 아닌가? 자녀가 좋아져야 좋은 것이지, 엄마의 마음이 일시적으로 편안해졌다고 해서 문제가 해결된 것인가? 여기서 사회성이 발달하지 않은 자녀를 긍정적으로 본다는 것은 무엇을 의미하는가? 문제를 문제로 인식하지 말고 그냥 넘어가자는 말인가, 아니면 현실을 인정하고 해결책을 모색하자는 말인가? 만일 전자라면 그것은 긍정이 아니라 현실을 왜곡하는 것이다. 잠시 마음은 편안할지 모르겠으나, 곧 아픈 현실을 마주하게 될 것이다. 여기서 참된 긍정이란 자녀의 현실을 그대로 인정하고 수용하면서 거기서부터 문제의 해결책을 찾는 것이다. 이것이 참된 긍정이다. 무조건 좋아질 것이라는 눈먼 믿음이 아니라, 현실을 인정하고 받아들이는 것이다.

'스톡데일 패러독스'(Stockdale Paradox)라는 개념이 있다. 제임스 본드 스톡데일(James Bond Stockdale)이라는 미 해군 장교의 이름에서 따온 것인데, 그는 베트남 전쟁에서 포로로 잡혀 8년간 포로 생활을 했고, 매우 혹독한 고문과 가혹한 일을 많이 겪었다. 당시 토굴이나 지하 감옥에서 먹지도 못한 채 고문을 당하다가 죽은 포로가 많았고, 살아남은 이들도 뼈만 앙상했다. 스톡데일 중령은 그곳에서 8년 동안 포로 생활을 하다가 종전이 임박해서 풀려났다. 그가 베트남 포로에서 풀려나자 많은 사람이 어떻게 그 혹독한 환경 속에서 살아남았는지를 물었고, 이때 스톡데일은 "긍정적으로 생각했던 사람은 모두 죽었다"라고 대답했다. 그는 실제로 어려운 상황이 지속되자 많은 사람이 아무런 근거도 없는 긍정적인 생각을 하기 시작하는 것을 목격했다고 한다. 예를 들어, '이번 크리스마스가 되면 우리는 풀려날 거야'라고 믿었지만 크리스마스가 지나도 아무런 변화가 없었다. 실망한 사람들은 다시 긍정적으로 생각하기 시작했다. '아, 내년 부활절이 되면 우리는 풀려날 거야.' 하지만 부활절이 지나도 그들은 풀려나지 못했다. 그렇게 그들은 기대와 실망을 반복하다 결국 시름시름 앓고 죽어 갔다. 그는 이보다는 자신이 포로가 되었다는 사실을 인정하고 수용하면서 하루하루를 잘 견딘 사람들이 끝까지 살아남았다고 회고했다. 그들은 막연한 희망에 기대지 않고 하루하루를 현실 그대로 받아들이면서 간단한 운동 등을 통해 체력을 기르는 데 집중했다. 스톡데일은 자신도 그중 한 사람이었다고 말한다.

　매사를 좋게 생각하는 것이 나쁘다는 것은 아니다. 하지만 그런 생각이 현실을 왜곡시킬 수 있다는 사실을 잊어서는 안 된다. 참된 긍정이란 현실을 왜곡시키는 것이 아니라, 현실을 현실로 인정하는 것이다. 현실을 부정하는 것이 아니라 받아들이는 것이다. 지금까지 우리는 '매사를 좋게 생각하는 것'을 긍정의 삶으로 생각했으며, 그리스도인은 모두 그렇게 살아야 한다고 생각했다. 그러나 이것은 잘못된 믿음이다. 이 잘못된 믿음 때문에 얼마나 많은 그리스도인이 온전한 믿음을 갖지 못한 채 방황하며 살고 있는가? 이것은 바른 신앙도 아니고 바른 믿음도 아니다. 긍정이란

'무조건 잘될 것이다'라고 생각하는 것이 아니라, 현실을 인정하고 최선을 다하는 것이다. 이 모든 일에 하나님의 섭리가 있음을 인정하고 하나님과 함께 시련을 겪어 내는 것이다. 이것이 바로 참된 긍정의 삶이고, 바른 신앙생활이다.

참된 긍정의 삶을 시작하자

요셉은 결코 거짓된 긍정으로 종의 옷을 입은 자신의 삶을 미화시키지 않았다. 그는 종의 옷을 입고, 자신이 노예임을 인정하면서 최선의 삶을 살았다. 그때 하나님이 그와 동행하심으로 인하여 형통의 삶을 살게 된 것이다. 사실 고난을 겪고 있을 때 하나님과 동행하기란 결코 쉬운 일이 아니다. 갑자기 고난을 당하게 되면 하나님을 원망하거나 탓하려는 마음이 일어나기 때문이다. 사실 요셉은 끔찍한 재앙을 겪은 사람이었다. 갑자기 형들로부터 버림을 받아 하루아침에 채색옷 대신 종의 옷을 입게 되었다. 얼마나 억울했을까? 얼마나 형들이 원망스러웠을까? 억울한 일을 당한 이들은 주로 증오, 복수, 비탄, 절망, 냉소 같은 파괴적 감정에 시달린다. 요셉에게도 이런 마음이 있었을 것이다. 그는 그 감정에 사로잡혀 평생 원망하며 살 수도 있었다. 그러나 요셉은 자신의 삶을 절망과 낙담에 맡기지 않았다. 그는 절망의 노예가 되지 않기로 결단했다. 비록 미래는 알 수 없지만, 그는 하나님 안에서 자신이 처한 상황을 그대로 인정하면서 살기로 결단했던 것이다. "나는 상처를 싸맸고, 하나님은 그 상처를 낫게 하셨다"라는 고백을 어딘가에서 읽은 적이 있다. 하나님은 우리의 병을 치료해 주시지만, 그 치료를 경험하려면 먼저 우리가 그 상처를 싸매야 한다는 것이다. 고난을 이겨 내려면 먼저 우리가 그 상처를 싸매고 하나님 앞에 서야 한다. 그때 하나님의 치유가 시작될 수 있다.

요셉은 바로 이런 태도로 노예 생활을 했다. 그는 노예였기에 주인의 지시를 받아 일을 시작할 수밖에 없었지만, 일할 때만큼은 주인의 눈치를 본 것이 아니라 하나님 안에서 최선을 다했다. 그 결과 그는 형통한 삶을 살았고, '형통한 자'라는 말을 듣게 되었다. 이로써 요셉은 더 이상 보디발의 간섭을 받지 않고 자신만의 삶을 살 수 있었다. 비록 그는 종이었으나 삶의 내용은 종이 아니었다. 요셉은 이렇게 연단을 받으며 인생을 배우기 시작했다. 요셉은 비록 종의 옷을 입고 살았으나, 그가 하는 모든 일을 통해서 형통의 복을 누리며 하나님의 능력을 경험하기 시작했다. 하나님은 이렇게 요셉을 영적으로 성장시키기 시작하셨다.

3

유혹에
맞서는 요셉

요셉이 하나님이 동행하심으로 형통의 삶을 살기 시작하자, 보디
발을 비롯하여 그 집에 있던 모든 사람의 관심이 바로 요셉에게
쏠리기 시작했다. 비록 요셉은 종의 옷을 걸치고 있었으나, 그는
빛나는 보석과 같았다. 이때 요셉을 빗나간 시선으로 보고 있는
이가 있었는데, 그가 바로 보디발의 아내였다.

보디발의 아내의 유혹

"주인이 그의 소유를 다 요셉의 손에 위탁하고 자기가 먹는 음식
외에는 간섭하지 아니하였더라 요셉은 용모가 빼어나고 아름다웠
더라"(창 39:6).

요셉은 그의 용모가 "빼어나고 아름다웠다"라고 기록되어 있

다. 요셉은 매우 준수한 청년으로서 사람들이 보기에 멋지고 아름다울 만큼 대단한 남성미와 균형미를 갖추고 있었던 것으로 보인다. 이는 그의 어머니 라헬을 닮았기 때문이었다.

"라헬은 곱고 아리따우니"(창 29:17).

여기서 라헬의 아름다움을 히브리어 '야페'라는 단어를 써서 표현했는데, 요셉의 외모를 묘사할 때도 동일한 단어를 쓰고 있다. 이는 요셉이 라헬을 닮아 아름다웠음을 표현한 말이다. 한편 보디발은 "그의 소유를 다 요셉의 손에 위탁하고" 경호대장으로서 왕을 모시는 일에 전념했다. 집에 자주 들어오지 않았던 것이다. 이 때문에 보디발의 아내는 한 가지 고민에 빠졌다.

요셉을 유혹하던 여인

"그 후에 그의 주인의 아내가 요셉에게 눈짓하다가 동침하기를 청하니 요셉이 거절하며 자기 주인의 아내에게 이르되 내 주인이 집 안의 모든 소유를 간섭하지 아니하고 다 내 손에 위탁하였으니 이 집에는 나보다 큰 이가 없으며 주인이 아무것도 내게 금하지 아니하였어도 금한 것은 당신뿐이니 당신은 그의 아내임이라 그런즉 내가 어찌 이 큰 악을 행하여 하나님께 죄를 지으리이까 여인이 날마다 요셉에게 청하였으나 요셉이 듣지 아니하여 동침하지 아니할뿐더러 함께 있지도 아니하니라"(창 39:7-10).

남편인 보디발이 공무가 바빠서 집에 자주 들어오지 않자, 보디발의 아내는 용모가 빼어났던 요셉에게 눈이 가기 시작했다. 보디발의 아내가 요셉을 유혹하기 시작한 것이다. 처음에는 요셉에게 '눈짓'을 했다. 기록에 의하면 애굽의 여인들이 세계 최초로 눈화장을 했다고 한다. 화려한 옷을 걸친 보디발의 아내가 요염한 자세로 요셉에게 윙크하는 모습을 상상해 보라. 그때까지 여자를 몰랐던 요셉의 마음이 설레지 않았을까?

그런데 성경 본문에 보면 그녀의 유혹이 점차 노골적으로 바뀐다. 보디발의 아내는 요셉에게 '눈짓하다가 동침하기를 청'했다. 이것은 그녀의 유혹이 대담해졌음을 보여 준다. 이제는 눈짓만 하는 것이 아니라, 주인마님이라는 우월한 지위를 가지고 요셉에게 강제적으로 관계를 하려고 하는 것이다. 이는 그녀가 얼마나 성적 초조감에 시달렸는지를 나타낸다.

신의를 지킨 요셉

이때 요셉은 두 가지 차원에서 신의를 지켰다. 첫째는, 자신의 주인인 보디발과의 신의를 지켰다. 보디발은 자신의 전 재산을 맡길 만큼 요셉을 신뢰했다. 요셉은 하나님과 동행하는 사람으로서 자신이 해야 할 일과 해서는 안 될 일을 구분할 수 있었으며, 보디발이 보여 준 신뢰에 보답하기 위해서라도 망설임 없이 모든 유혹을 거절할 수 있었다.

둘째는, 하나님과의 신의를 지켰다. 요셉이 보디발의 아내의 유혹을 거절한 것은 그것이 하나님 앞에 큰 죄를 짓는 일이었기 때문이다.

"그런즉 내가 어찌 이 큰 악을 행하여 하나님께 죄를 지으리이까"
(창 39:9).

하나님이 인간에게 주신 자유란 언제나 테두리 안에서 누려야 하는 것이다. 하나님이 정해 주신 선을 넘는 것은 자유가 아니라 바로 '죄'다. 하나님은 보디발에게 그의 아내를 허락하셨다. 이것이 하나님께서 정해 주신 울타리였다. 누구든지 그 울타리를 마음대로 넘는 것은 하나님께 큰 죄를 짓는 일이었다. 요셉은 하나님이 정해 놓으신 울타리를 넘지 않았다.

그러나 보디발의 아내는 날마다 요셉을 유혹했다. 그러자 요셉은 '동침하지 아니할뿐더러 함께 있지도 않았다'. 요셉은 의도적으로 보디발의 아내와 마주치지 않으려고 노력했다. 그러나 보디발의 아내는 집요하게 요셉을 유혹하며 동침할 것을 요구했다.

사탄이 우리를 유혹할 때는 하나님을 미워하게 하는 것이 아니라, 하나님을 잊어버리게 한다. 대부분의 죄는 하나님의 눈길을 의식하지 않을 때 일어난다. 그러나 요셉은 하나님의 눈을 잊지 않았다. 하나님이 자신과 함께하심을 늘 의식하며 살았다. 하나님은 지금도 우리와 함께 계신다. 우리도 이 사실을 잊지 말아야 한다. 만일 우리가 요셉처럼 늘 하나님을 인식하며 살아간다면, 감히 죄를 지을 수 없을 것이다.

억울하게 누명을 쓴 요셉

"그러할 때에 요셉이 그의 일을 하러 그 집에 들어갔더니 그 집 사람들은 하나도 거기에 없었더라 그 여인이 그의 옷을 잡고 이르되 나와 동침하자 그러나 요셉이 자기의 옷을 그 여인의 손에 버려두고 밖으로 나가매"(창 39:11-12).

한번 타오르기 시작한 정욕의 불길은 쉽게 꺼지지 않는다. 보디발의 아내는 아무리 집요하게 유혹해도 통하지 않자 이제는 아예 행동으로 나선다. 아무도 없는 집 안에 요셉을 불러들인 것이다. 작정하고 불렀다면 그녀가 어떤 옷차림으로 요셉을 맞이했을지 짐작이 간다. 속살이 다 드러나는 속옷을 입고 요염한 자세로 요셉을 기다렸을 것이다. 그녀는 요셉이 오자마자 '이 집에는 지금 아무도 없으니 나와 동침하자'며 그의 옷을 잡고 끌었다. 그러자 요셉은 자기 겉옷을 그녀의 손에 버려둔 채 몸만 빠져나갔다. 그때 요셉이 할 수 있는 일은 이것이 최선이었다.

사도 바울은 "음행을 피하라"(고전 6:18)라고 말한다. 디모데후

서에서도 "또한 너는 청년의 정욕을 피하고"(딤후 2:22)라며 동일한 내용을 말한다. 성적 유혹을 이기는 가장 좋은 길은 피하는 것이다. 우리는 성적 유혹에 맞서 싸울 만큼 강하지 못하다. 가장 좋은 방법은 도망치는 것이다. 성적 유혹에 맞서 싸워 이길 장사가 없기에 도망치는 것이 가장 좋은 방법이다. 요셉도 잡힌 겉옷을 뿌리치고 그 현장에서 도망쳤다.

요셉은 두 차례나 입고 있던 옷이 벗겨졌다. 처음에는 형들에 의해서 채색옷이 벗겨지더니, 이번에는 보디발의 아내에 의해 겉옷이 벗겨졌다. 그런데 요셉은 매번 겉옷이 벗겨질 때마다 자신이 가졌던 신분이 무너지면서 역경이 시작된다. 첫 번째에는 채색옷이 벗겨지면서 노예가 되었는데, 이번에는 종의 옷이 벗겨지면서 대신 죄수의 옷을 입게 된다. 그리고 빼앗긴 겉옷은 그때마다 증거물로 제시된다. 채색옷은 요셉이 짐승에 물려 죽었다는 것을 입증하는 증거물로 야곱에게 제시되었고, 이번에는 보디발의 아내를 겁탈했다는 증거물로 보디발에게 제시된다.

요셉에게 거절당한 보디발의 아내는 그 모욕감에 요셉의 겉옷을 결정적 증거로 사용해서 요셉에게 누명을 씌우려고 집안 종들을 불러 증인으로 삼는다.

"그 여인이 요셉이 그의 옷을 자기 손에 버려두고 도망하여 나감을 보고 그 여인의 집 사람들을 불러서 그들에게 이르되 보라 주인이 히브리 사람을 우리에게 데려다가 우리를 희롱하게 하는도다 그가 나와 동침하고자 내게로 들어오므로 내가 크게 소리 질렀더니 그가 나의 소리 질러 부름을 듣고 그의 옷을 내게 버려두고 도망하여 나갔느니라 하고"(창 39:13-15).

보디발의 아내는 아주 교활하게 요셉과 자신의 관계에 선을 긋는다. 그녀는 집 안에 있던 사람들을 '우리'라고 부른다.

"히브리 사람이 우리를 희롱하는도다."

보디발의 집에 있는 종들은 다 요셉의 명을 따라야 했다. 왜냐하면 요셉이 모든 종을 거느리는 그 집의 총무였기 때문이다. 때문에 보디발의 아내는 먼저 요셉을 죄인 취급하면서 모든 종으로 하여금 더 이상 요셉의 말을 듣지 못하게 한다. 그녀는 요셉을 '우리'라는 울타리에서 쫓아냈다. 이후에 보디발의 아내는 상황을 자기중심적으로 역전시킨다. 자신이 요셉을 유혹해 놓고는 "그가 나와 동침하고자 내게로 들어왔다"고 말하면서, 자신이 거절하자 벗었던 겉옷을 버려두고 도망쳤다고 말한다.

또한 보디발의 아내는 이 책임이 자기 남편에게도 있음을 고발한다. 만일 자기 남편이 요셉을 데려오지 않았다면 자신이 이런 수모를 당하지 않았을 것이라고 말한다. 이 모든 일의 근본적인 책임이 자기 남편에게 있다는 말이다. 보디발의 아내는 남편이 자신을 의심하지 않도록 그때 집 안에 있던 종들로 증인을 세웠으며, 이 모든 일의 책임이 남편에게 있음을 강조하면서 자신을 조금도 의심하지 못하도록 모든 조치를 강구했다.

"그의 옷을 곁에 두고 자기 주인이 집으로 돌아오기를 기다려 이
말로 그에게 말하여 이르되 당신이 우리에게 데려온 히브리 종
이 나를 희롱하려고 내게로 들어왔으므로 내가 소리 질러 불렀
더니 그가 그의 옷을 내게 버려두고 밖으로 도망하여 나갔나이
다"(창 39:16-18).

보디발의 아내는 남편이 집에 돌아오자 즉시 일러바친다. 종들
앞에서 사건의 근본 책임을 남편에게 돌렸듯이, 동일한 주장을 남
편에게 한다. 보디발의 아내가 요셉을 가리켜 '히브리 종'이라고 부
른 것은 의도적이다. 대제국의 경호 대장의 아내가 다른 남자에게
성폭행을 당하는 것도 중대한 일인데, 히브리 종놈이 자기 안주인
을 성폭행하려고 했다는 것은 엄청난 사건이 아닐 수 없었기 때문
이다. 특별히 '당신이 데려온 히브리 종'이라는 표현은 모든 책임을
자기 남편에게 떠넘기려는 것이다. 이것은 마치 선악과를 따 먹은
아담이 하나님 앞에서 "하나님이 주셔서 나와 함께 있게 하신 여자
그가 그 나무 열매를 내게 주므로 내가 먹었나이다"(창 3:12)라고 말함
으로써 궁극적인 책임을 하나님께 돌린 것과 같다. 하나님이 짝지
어 주시지만 않았어도 선악과를 먹지 않았을 거라는 말이다. 이 말
을 들은 보디발은 분노하며 요셉을 자기 집에 있는 왕의 신하들을
가두는 감옥에 가둔다. 이렇게 해서 요셉이 입었던 종의 옷은 벗겨
지고 죄수의 옷이 입혀진다.

'눈의 침묵'*을 지키라

여기서 생각해 봐야 할 문제가 하나 있다. 그것은 '누가 노예인가' 하는 문제다. 누가 진정한 노예인가? 요셉인가, 아니면 보디발의 아내인가? 우리가 객관적으로 보았을 때는 분명히 요셉이 노예다. 요셉은 종의 옷을 입고 있었으며, 자유를 억압당한 채 주인의 명령에 복종해야 했다. 하지만 요셉은 비록 몸은 노예였으나 마음까지 노예는 아니었다. 내적으로 그는 매우 자유로운 사람이었다. 그는 정욕의 노예로 살지 않았다. 그러나 보디발의 아내는 가장 자유로운 여인처럼 보이지만 실상은 정욕의 노예였다. 애굽이라는 나라에서는 가장 부유하고 부러울 것이 없는 여인이었으나, 실상은 정욕의 노예였다. 금은보화를 걸치고 가장 값비싼 아름다운 옷을 입고 다녔으나, 실상은 정욕의 포로가 되어 비참한 삶을 살던 여인이었다. 비록 외모는 화려하고 아름다웠을지 모르나, 그녀의 내면은 정욕의 포로가 되어 목마른 삶을 살고 있었다.

성적인 욕망은 쉽게 꺼지지 않는다. 마치 '끝없는 전쟁'을 하는 것처럼 우리는 성적 욕망과 치열하게 싸우고 있다. 특별히 우리가 살고 있는 이 시대는 물질적인 풍요와 함께 성적 범죄가 범람하고 있다. 때문에 온갖 성적인 유혹으로부터 벗어나는 것이 쉽지 않다. 이때 우리가 해야 할 일은, 성적인 유혹이 있을 때마다 요셉처럼

---

* 이해인 엮음, 《마더 테레사의 아름다운 선물》(샘터, 2002), p. 34 참조.

저항하고, 피하고, 성적인 죄를 짓지 않기 위해 노력하는 것이다. 이런 노력이 영적으로 성장하는 데 있어 절대적으로 필요하다.

그렇다면 성적인 유혹으로부터 벗어나는 길이 있을까? 경험상 완전하지는 않지만 부분적으로 도움이 되는 방법이 하나 있다. 그것은 '눈의 침묵'을 지키는 것이다. 여기서 '눈의 침묵'이란, 볼 것만 보려는 노력이다. 마치 입으로 침묵을 지키는 것처럼, 눈으로도 침묵을 지키는 것이다. 사람이 매혹적인 이유는 그 안에 하나님의 형상을 품고 있기 때문이다. 그래서 예쁘고, 존귀하고, 아름다운 것이다. 그런데 일반적인 경우에는 사람 안에 들어 있는 진짜 보석과 같은 하나님의 형상은 보지 못한 채 외모만 본다. 외모가 좋아 보이면 그 사람도 좋은 사람으로 여기고, 외모가 갖춰지지 않은 사람을 보면 그 사람 자체도 무시하려고 한다. 이것은 우리가 물질주의적인 가치관 때문에 인간을 물화(物化)시키는 것이다. 인간의 가치는 내면에 있는데 외모만 보면서 인간을 물건처럼 대하는 것이다.

나는 '눈의 침묵'을 지키기 위해 끊임없이 노력한다. 예를 들면, 사람을 볼 때 의식적으로 외모만 보지 않고 그 사람의 내면을 보려고 노력한다. 그러면 서서히 사람의 내면을 보는 눈이 열린다. 또한 나도 모르게 외모가 수려한 사람을 보더라도 내 시선을 돌려 그 사람을 쳐다보지 않으려고 노력한다. 처음 본 것은 어쩔 수 없지만, 다시 시선을 돌리게 되면 성적 유혹이 일어나기 때문이다. 물론 이런 노력을 한다고 해서 성적인 유혹으로부터 완전히 벗어나는 것은 아니다. 하지만 꾸준히 노력할 때 점점 성욕에서 자유를 누리게 된다. 요셉처럼 성적인 유혹을 이길 힘을 얻게 된다.

그리스도인으로서 당신은 참된 자유를 누리고 있는가, 아니면 보디발의 아내처럼 정욕의 노예로 살고 있는가? 우리는 성적인 욕망에서 완전히 벗어날 수는 없다. 아우구스티누스(Augustinus)가 남긴 유명한 말이 있다.

> 새가 머리 위를 날아가는 것은 우리 잘못이 아니다. 하지만 새가 머리 위에 둥지를 튼다면 그것은 우리 잘못이다. 우리가 순간적으로 성욕을 느끼는 것은 자연스러운 일이지만, 그 성욕이 우리를 지배하여 간음하게 되는 것은 자연스러운 일이 아니다.[*]

우리가 성욕을 느끼는 것은 자연스러운 것이지만, 그 자연스러움 때문에 간음을 행하는 것은 하나님께 큰 죄를 짓는 것이다. 그러므로 '눈의 침묵'을 지키는 훈련을 하자. 그러면 정욕에서 어느 정도 벗어나 자유함을 얻게 될 것이다. 이를 통해 우리는 어떤 상황 속에서도 영적으로 성장하는 길을 가게 될 것이다.

---

[*] 송봉모, 《신앙의 인간 요셉》(바오로딸, 2008)에서 재인용함. p.107.

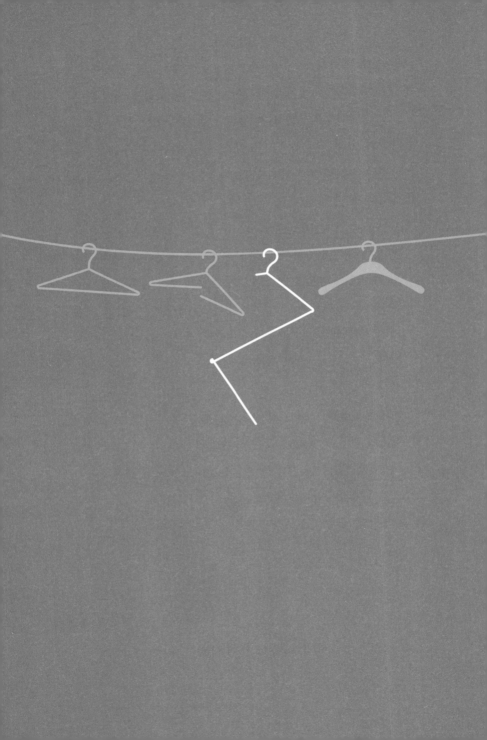

3부

죄수의 옷을
입은 요셉

감옥에서
일하시는
하나님

요셉의 삶은 그가 입었던 옷이 바뀌면서 새로운 인생의 국면을 맞이하는 것을 볼 수 있다. 요셉은 처음에 야곱에 의해 특별히 대우받은 채색옷을 입었다. 그러나 형제들에 의해 채색옷이 벗겨지면서 새로운 여정이 시작되었다. 그는 종의 옷을 입고 10여 년간 보디발의 집에서 종살이를 했으며, 후에는 가정 총무가 되어 보디발의 모든 재산을 관리했다. 요셉은 그 후 보디발의 아내의 집요한 성적 유혹을 거부함으로써 억울한 누명을 쓰고 죄인이 되었다. 종의 옷을 벗고 죄수의 옷을 입게 된 것이다. 이처럼 요셉이 입었던 각각의 옷들은 그가 겪어야 할 고난과 깊은 관련이 있다. 이제 요셉은 죄인의 옷을 입고 기약도 없는 감옥 생활을 해야 한다.

"이에 요셉의 주인이 그를 잡아 옥에 가두니 그 옥은 왕의 죄수를 가두는 곳이었더라 요셉이 옥에 갇혔으나 여호와께서 요셉과 함께하시고 그에게 인자를 더하사 간수장에게 은혜를 받게 하시매 간수장이 옥중 죄수를 다 요셉의 손에 맡기므로 그 제반 사무를 요셉이 처리하고 간수장은 그의 손에 맡긴 것을 무엇이든지 살펴보지 아니하였으니 이는 여호와께서 요셉과 함께하심이라 여호와께서 그를 범사에 형통하게 하셨더라"(창 39:20-23).

요셉이 받은 두 가지 연단

여기서 한 가지 의문이 생긴다. 요셉이 주인마님의 유혹을 거절한 것은 어쨌든 올바른 행동이 아니었는가? 그렇다면 하나님이 요셉에게 어떤 보상을 해 주시거나, 아니면 요셉에게 억울한 누명을 씌운 보디발의 아내에게 벌을 내리셔야 하지 않을까? 하지만 하나님은 아무런 일도 하지 않으신다. 오히려 요셉은 언제 석방이 될지도 모르는 무기수가 되어 옥살이를 해야 했다. 예수님은 "의에 주리고 목마른 자는 복이 있나니 그들이 배부를 것임이요"(마 5:6)라고 말씀하셨는데 왜 요셉은 의로운 행동을 했음에도 불구하고 죄수가 되었을까?

요셉의 일차적 연단

하나님이 우리를 영적으로 성장시키실 때 가장 먼저 하시는 일은 고난을 통해 우리의 겉사람을 깨뜨리는 것이다. 요셉이 보디발의 집에서 종의 옷을 입고 지낸 시기는 '겉사람을 위한 일차적 연단'이라 말할 수 있을 것이다. 아직 속사람의 변화까지는 이루어지지 않은 연단이었기 때문이다. 비록 종의 옷을 입고 고난을 받은 것이 사실이지만, 그곳에서도 요셉은 나름의 성취를 이루어 냈다. 그는 보디발에게 인정을 받아 가정 총무가 되었을 뿐만 아니라, 형통한 자가 되어 많은 사람에게 주목을 받는 존재가 되었다. 비록 종의 옷을 입고 있었으나 하나님이 그와 함께하셨기에 큰 어려움은 없었다. 아직 인생의 밑바닥을 경험한 것은 아니었다. 때문에 이 시기는 여전히 자신의 힘과 능력을 믿고 있는 시기다. 이들은 언제든지 자신의 능력으로 무엇인가를 성취할 수 있다고 생각한다. 때문에 이 시기에 있는 사람들은 아직 하나님께 완전히 항복한 상태가 아니다. 그래서 이것을 겉사람을 위한 일차적 변화라고 말하는 것이다. 이들이 속사람까지 완전히 변화되어 하나님께 항복하려면 더 깊은 고난이 필요하다. 하나님이 의로운 행동을 했음에도 불구하고 요셉에게 죄수의 옷을 입혀 옥살이를 시키신 이유가 바로 여기에 있다.

이런 일은 사도 바울에게도 일어났다. 사도 바울은 다메섹에서 부활하신 예수님을 만난 후에 완전히 변화되었다. 그는 자신이 배운 모든 지식과 누리고 있던 모든 것을 다 배설물로 여기고 예수 그리스도 한 분만 붙잡고 살았다. 그러나 하나님이 보시기에 그것만으로는 충분하지 않았다. 사도 바울은 많은 영적인 능력을 갖고 있었을 뿐만 아니라 삼층천까지 경험했기에 자칫 잘못하면 교만할 수 있었다. 하나님은 사도 바울을 그대로 사용하지 않고 더 깊은 연단을 주셨다. 바로 '육체에 가시'(고후 12:7)를 주신 것이다. 사도 바울의 이차적인 연단은 육체의 질병으로 찾아왔다.

이것은 사도 바울이 복음을 증거하는 데 있어 큰 장해물이 아닐 수 없었다. 그것이 무엇인지는 정확히 알 수 없지만, 복음을 증거하는 데 큰 걸림돌이 된 것만은 사실이다. 때문에 사도 바울은 이 문제를 가지고 하나님께 세 번이나 간절히 기도했다. 그러나 하나님은 응답해 주시지 않았다. 이때 사도 바울이 하나님의 뜻을 제대로 파악하지 못했더라면 그도 실족했을 것이다. 생각해 보라. 복음을 증거해야 하는데 건강이 뒷받침되지 않는다면 어떻게 선교 사명을 감당할 수 있겠는가? 그러나 사도 바울은 하나님의 침묵 속에 놀라운 섭리가 있음을 발견했다. 그의 고백을 들어 보자.

"나에게 이르시기를 내 은혜가 네게 족하도다 이는 내 능력이 약한 데서 온전하여짐이라 하신지라 그러므로 도리어 크게 기뻐함으로 나의 여러 약한 것들에 대하여 자랑하리니 이는 그리스도의 능력이 내게 머물게 하려 함이라 그러므로 내가 그리스도를 위하여 약한 것들과 능욕과 궁핍과 박해와 곤고를 기뻐하노니 이는 내가 약한 그때에 강함이라"(고후 12:9-10).

사도 바울은 자신에게 왜 이차적인 연단이 필요한지를 깨달았다. 그것은 자신의 교만을 막기 위한 하나님의 조치였다. 자신에게 찾아온 이차적인 연단이 무엇을 의미하는지를 깨달은 사도 바울은 그 후로 철저하게 하나님의 능력에 의지하여 복음을 전하기 시작했다. 이때 더 큰 능력이 자신에게 임하는 것을 경험한 사도 바울은 자신의 약함을 자랑하며 기뻐했다. 그는 하나님이 주신 이차적 연단을 통해 한층 더 성숙한 영성으로 사명을 감당했던 것이다.

요셉의 이차적 연단

요셉에게도 동일한 일이 벌어졌다. 아니, 요셉이 먼저 경험한 것을 사도 바울이 늦게 체험했다고 해야 맞을 것이다. 요셉은 먼저 10년간 종의 옷을 입고 연단을 받았으나 이것은 겉사람을 깨뜨리기 위한 일차적인 연단이었다. 그러나 감옥에서 받은 연단은 이차적 연단으로 속사람의 변화를 위한 것이었다. 성경에 따르면, 요셉은 감옥에서도 하나님이 함께하셨으며, 간수장에게 은혜를 베푸사 감옥에서도 제반 사무를 처리하는 등 신임을 얻었다. 그 결과 요셉은 그곳에서도 '범사에 형통한 자'가 되었다. 그러나 요셉이 보디발의 집에서 종의 옷을 입고 있었을 때와는 다른 점이 하나 있었다. 그곳은 감옥이었기에 요셉이 무슨 일을 하는지 밖으로 드러나지 않았다는 사실이다. 분명 요셉은 감옥에서도 보디발의 집에서처럼 제반 업무를 담당했지만, 그곳은 감옥이었기에 요셉의 능력이나 형통함이 밖으로 드러나지 않았다. 세상 사람들은 요셉을 알지 못했고, 그를 점점 잊어 갔다. 요셉이 애굽의 총리가 되기까지 약 3년 동안은 오직 하나님만을 의지해야 했다. 왜냐하면 밖을 볼 수 없었기 때문이다. 요셉은 옥에서 하나님과 더 깊은 교제를 하면서 속사람의 변화를 경험했으리라 생각한다. 이것이 '의에 주리고 목마른 자'(마 5:6)가 받아야 할 진짜 복이었다.

하나님의 연단은 우리에게도 비슷하게 일어난다. 우리가 예수 그리스도를 영접하고 구원을 받기 위해서는 세상 것들과의 단절을 경험해야 한다. 이제는 더 이상 세상 사람들처럼 살지 않기로 결심하는 것이다. 이것은 마치 아브라함이 하나님의 부르심에 순종하면서 "고향과 친척과 아버지의 집"(창 12:1)을 떠난 것과 같은 것이다. 세상 사람들이 쉬는 주일에 우리는 예배를 드리고, 시간을 드려 교회에 헌신하고 지역 사회를 섬기는 삶을 산다. 하지만 이것으로 충분하지 않다. 영적으로 성장하려면 또 한 번의 결단이 필요하다. 그것은 지금까지 살아왔던 삶의 습관과 잘못된 행동 양식을 벗어 버리는 것이다. 마치 아브라함이 조카 롯과 헤어지듯이 부정적인 습관과 집착들을 버리는 것이다. 이를 위해 하나님은 종종 우리를 시련과 환난 속에서 연단하신다. 이 속에서 속사람의 연단이 시작되는 것이다. 하나님이 요셉을 두 차례에 걸쳐서 연단하셨듯이 우리도 같은 방식으로 연단하신다.

옥에 들어온 애굽 왕의 두 관원장

"그 후에 애굽 왕의 술 맡은 자와 떡 굽는 자가 그들의 주인 애굽

왕에게 범죄한지라 바로가 그 두 관원장 곧 술 맡은 관원장과 떡
굽는 관원장에게 노하여 그들을 친위대장의 집 안에 있는 옥에 가
두니 곧 요셉이 갇힌 곳이라"(창 40:1-3).

요셉이 감옥에 갇혔을 때 함께 감옥에 들어온 감옥 동기들이
있었다. 그들은 애굽 왕의 '술 맡은 자'와 '떡 굽는 자'였다. 우리는
이들을 바로를 위해서 술을 빚고 떡을 굽는 주방장 정도로 생각
하지만 사실은 그렇지 않다. 이들은 오늘날 장관에 해당하는 높은
직위의 사람들이었다. 고대 왕국에서는 왕을 독살하는 일이 빈번
하게 일어났다. 그래서 왕들은 가장 신임하는 부하에게 자신이 마
시는 술과 먹는 음식을 맡겼다. 술잔을 드리는 관원장은 연회 전
반을 책임지는 사람이었고, 떡을 구워 올리는 관원장은 음식 전반
을 책임지는 사람이었다. 이들은 바로의 절대적 신임을 얻은 관리
로서 국가 중대사에 관해서도 직접 자문할 수 있을 만큼 정치적인
역량을 갖춘 고위 각료들이었다. 느헤미야 또한 바사 제국에서 술
맡은 관원장이었다. 느헤미야를 생각해 보면 이 사람들의 위치가
어느 정도였는지 이해할 수 있다.
　이렇게 바로에게 절대적 신임을 얻고 영향력을 행사하던 두 장
관이 요셉과 같은 감옥에 갇히게 된 것은 아무리 생각해 봐도 우
연이라고 할 수 없다. 요셉이 보디발의 아내에게 모함을 받아 감
옥에 갇혔을 때, 하나님은 바로에게 가장 신임받는 두 장관을 다
옥에 보내신 것이다. 그리고 이 두 사람을 요셉이 섬기게 하신 것

이다(창 40:4 참조). 물론 그들이 무슨 죄를 지었는지 우리는 잘 모르지만, 이것이 우연한 일이 아님은 분명하다. 왜냐하면 이후에 술 맡은 관원장을 통해 요셉이 애굽의 총리가 되기 때문이다. 하지만 요셉은 전혀 눈치채지 못했다. 마치 우연한 일처럼 보였던 것이다. 하지만 하나님의 섭리 가운데 참으로 놀라운 일이 벌어지고 있었다. 이로써 요셉은 옥에서 애굽의 정치인들과 인연을 맺게 되었다. 요셉은 이들을 섬기면서 애굽 왕궁의 문화와 법도를 배우게 되었고, 정치에 대해서도 서서히 눈을 뜨게 되었다. 요셉이 이를 배우기 위해 의도적으로 그들을 섬긴 것은 아니었지만, 하나님은 보디발까지 동원해서 놀라운 일을 하고 계셨다. 참으로 놀라운 일이다.

하나님은 여전히 이렇게 일하신다. 마치 요셉에게 하셨던 것처럼 지금도 우리 주위에서 일하고 계신다. 우리는 영적인 눈을 뜨고 이 사실을 바라봐야 한다. 하나님은 마치 시나리오 작가가 필요한 인물들을 모아 이야기를 짜듯이, 지금도 그렇게 일하신다. 그러므로 우리는 낙심하지 말고 눈을 들어 주님을 바라봐야 한다. 왜냐하면 지금도 하나님이 일하고 계시기 때문이다.

2

좌절된
요셉의 기대

보디발의 명령으로 두 관원장을 섬기게 된 요셉은 그들을 예민하
게 관찰할 수 있었다. 그런데 어느 날 보니 두 관원장에게 근심이
있었다.

"옥에 갇힌 애굽 왕의 술 맡은 자와 떡 굽는 자 두 사람이 하룻밤에
꿈을 꾸니 각기 그 내용이 다르더라 아침에 요셉이 들어가 보니
그들에게 근심의 빛이 있는지라 요셉이 그 주인의 집에 자기와 함
께 갇힌 바로의 신하들에게 묻되 어찌하여 오늘 당신들의 얼굴에
근심의 빛이 있나이까"(창 40:5-7).

두 관원장의 꿈

성숙해진 요셉

본문을 살펴보면 요셉은 다른 사람의 마음을 헤아리는 연민의 마음과 하나님께 모든 영광을 돌리는 겸손의 덕을 지니고 있음을 알 수 있다. 요셉은 신하들에게 "어찌하여 오늘 당신들의 얼굴에 근심의 빛이 있나이까"라고 묻는데, 그가 채색옷을 입고 아버지의 사랑을 독차지하던 시절에는 형들의 감정을 헤아리지 못했다. 그가 가족들에게 자기가 꾸었던 꿈을 자랑하듯 두 차례나 이야기할 때도 형들이나 아버지가 느낄 감정은 헤아리지 못했다. 그만큼 요셉은 어렸고, 자기중심적이었다. 그런데 종의 옷을 입고 보디발의 집에서 10년 동안 종살이를 한 요셉에게 드디어 다른 이들의 아픔과 고통이 무엇인지를 볼 수 있는 눈이 생겼다. 또한 보디발의 아내로부터 누명을 쓰고 감옥에 갇혀 죄수로 살면서 억울하고 낙심한 자들이 얼마나 곤고한 삶을 사는지를 알게 되었다. 아니, 그저 알게 된 것만이 아니라, 그 고통을 함께 경험하고 동행하게 된 것이다.

영성을 형성하는 과정에서 다른 사람의 고통에 귀를 기울일 줄 아는 것은 대단히 중요한 일이다. 말씀을 듣는 귀가 열려야 하고, 타인의 고통에도 귀를 기울일 줄 알아야 한다. 이는 영적 성숙을 위해 필수적인 일이다. 솔로몬은 일천 번제를 드린 후 꿈에 나타나신 하나님께 '듣는 마음'을 달라고 구했다(왕상 3:9 참조). 이를 기뻐하신 하나님은 그가 구하지 않은 부귀와 영광도 지혜와 함께 주셨다. 그만큼 하나님은 듣는 마음을 소중하게 여기셨다. 예수님도 복음을 전파하면서 "들을 귀 있는 자는 들으라"(막 4:9)라고 외치셨다. 우리가 영적으로 성숙해지려면 무엇보다도 듣는 귀가 열려서 다른 사람의 고통을 들을 수 있어야 한다. 두 관원장에게 근심이 있는 것을 본 요셉은 "어찌하여 오늘 당신들의 얼굴에 근심의 빛이 있나이까"라고 묻는다. 그러자 두 관원장이 대답한다.

"그들이 그에게 이르되 우리가 꿈을 꾸었으나 이를 해석할 자가 없도다 요셉이 그들에게 이르되 해석은 하나님께 있지 아니하니이까 청하건대 내게 이르소서"(창 40:8).

요셉은 영적으로 겸손한 모습을 보여 주고 있다. 두 관원장이 "우리가 꿈을 꾸었으나 이를 해석할 자가 없도다"라고 말하자 요셉은, '해석은 하나님께 있다'고 말하며 자신에게 그 꿈을 말해 달라 겸허하게 청한다. 사실 이것은 요셉이 죄수의 옷을 입고 감옥 생활을 하면서 영적으로 많이 성장했음을 보여 주는 대목이다. 생각해 보라. 어쩌면 요셉은 꿈 때문에 인생을 망친 사람이 아닌가? 만일 요셉이 자신의 꿈을 형들에게 말하지 않았더라면 형들에게 미움을 받지도 않았을 것이고, 애굽에 종으로 팔려 오지도 않았을 것이고, 이런 감옥살이를 하지도 않았을 것이다. 요셉에게 있어서 범상치 않은 꿈과 이에 대한 해석은 꽤나 조심스러운 일이었을 것이다. 그러나 그는 담대히 하나님에게 해석이 있다고 말한다. 그는 꿈의 가치를 알고 있었던 것이다. 아마도 하나님이 꿈을 통해서 사람을 인도하신다는 사실을 믿고 있었던 것 같다. 이런 사실로 미루어 보았을 때, 요셉은 애굽에서 노예 생활을 하면서도 계속해서 꿈을 꾸며 이를 매개로 하나님과 소통했을 것이라는 추측을 해 볼 수 있다. 때문에 요셉은 "해석은 하나님께 있지 아니하니이까 청하건대 내게 이르소서"라고 자신 있게 말한다.

꿈을 해석하는 요셉

"술 맡은 관원장이 그의 꿈을 요셉에게 말하여 이르되 내가 꿈에 보니 내 앞에 포도나무가 있는데 그 나무에 세 가지가 있고 싹이 나서 꽃이 피고 포도송이가 익었고 내 손에 바로의 잔이 있기로 내가 포도를 따서 그 즙을 바로의 잔에 짜서 그 잔을 바로의 손에 드렸노라 요셉이 그에게 이르되 그 해석이 이러하니 세 가지는 사흘이라 지금부터 사흘 안에 바로가 당신의 머리를 들고 당신의 전직을 회복시키리니 당신이 그전에 술 맡은 자가 되었을 때에 하던 것같이 바로의 잔을 그의 손에 드리게 되리이다"(창 40:9-13).

술 맡은 관원장이 말한 꿈의 내용은 그리 복잡한 것이 아니었다. 꿈에 한 포도나무가 보이는데, 그 포도나무에 있는 세 개의 가지에서 싹이 나더니 꽃이 피고 포도송이가 열려서 익었다는 것이다. 이를 본 술 맡은 관원장이 그 포도송이를 따서 즙을 낸 후에 그것을 바로의 잔에 드렸다는 것이다. 이 내용을 들은 요셉은 이 꿈을 길조로 해석한다. 포도나무에 있던 세 가지가 '사흘'을 의미한다고 본 요셉은, 지금부터 사흘 안에 바로가 술 맡은 관원장을 복직시켜서 전에 하던 대로 연회 시에 바로에게 술을 따르게 될 것이라고 꿈을 해석해 준다.

술 맡은 관원장이 말한 꿈 이야기를 보면 그 해석이 그리 어려울 것 같지 않다. 한 나무에 세 가지가 있는데 거기에 싹이 나서 꽃도 피고 포도송이도 익었다면, 이건 누가 들어도 긍정적으로 해석하지 않을까? 그런데 왜 술 맡은 관원장은 이 꿈을 해석하지 못하고 근심만 하고 있었을까? 그것은 지금 술 맡은 관원장이 처한 상황 때문이다. 그의 마음이 이미 걱정과 근심으로 가득했기 때문이다. 사람의 마음은 언제나 환경의 지배를 받기 쉽다. 아무리 믿음이 좋은 사람이라도 어려운 환경에 처하게 되면 마음이 어두워져서 현실의 판단을 제대로 할 수 없게 된다. 다른 사람의 눈에는 쉽게 보일 수 있지만, 당사자의 감정과 정신적 상황에 따라서 어려운 문제가 되기도 하는 것이다.

마가복음 6장 45-52절에도 비슷한 이야기가 기록되어 있다. 오병이어의 기적 이후 예수님은 군중을 피해 산으로 오르시고, 제자들은 배를 타고 갈릴리 호수를 건너고 있었다. 그런데 얼마 후 광풍이 일더니 제자들이 타고 가던 배가 큰 곤경에 빠지게 되었다. 이를 본 예수님은 급히 바다 위를 걸어오셨다. 그러자 배에 타고 있던 제자들은 이를 보고 유령이라 소리를 지르며 놀라기 시작했다. 그들이 예수님을 유령으로 착각한 이유가 무엇인가? 바로 어두워진 마음 때문이었다. 광풍이 불어 배가 전복될 위기에 처해 있었기에 그들은 두려움과 불안한 마음의 지배를 받고 있었다. 이러한 위축된 마음은 그들을 구하려 달려오신 예수님마저 유령으로 보이게 했다. 왜 이런 일이 벌어졌는가? 마가는 "이는 그들이 그 떡 떼시던 일을 깨닫지 못하고 도리어 그 마음이 둔하여졌음이러라"(막 6:52)라고 기록하고 있다. 여기서 '마음이 둔하여졌다'는 것은 마음이 '어두워졌다'는 뜻이다. 즉, 마음의 눈이 어두워진 제자들은 바다 위를 걸어오시는 예수님을 제대로 식별할 수 없었다.

이런 일이 술 맡은 관원장에게도 일어났다. 그는 좋은 꿈을 꾸고도 불안한 마음에 근심할 수밖에 없었다. 이것은 그에게 지혜가 부족했기 때문이 아니라, 고민이 많았기 때문이다. 만일 그의 마음이 평안했더라면 자신의 꿈을 잘 해석했을 것이다. 요셉처럼 정확한 해석은 아니더라도, 적어도 그 꿈 때문에 근심하지는 않았을 것이다. 그러나 그의 마음은 이미 어두워졌기에 좋은 꿈을 꾸고도 두려워할 수밖에 없었다.

"마음의 즐거움은 얼굴을 빛나게 하여도 마음의 근심은 심령을 상하게 하느니라"(잠 15:13).

지금 당신의 마음은 어떠한가?

요셉의 부탁과 실망

요셉은 술 맡은 관원장의 꿈을 잘 해석해 주었다. 그러고 난 후에 그는 곧 석방될 술 맡은 관원장에게 청탁을 한다.

"당신이 잘되시거든 나를 생각하고 내게 은혜를 베풀어서 내 사정을 바로에게 아뢰어 이 집에서 나를 건져 주소서 나는 히브리 땅에서 끌려온 자요 여기서도 옥에 갇힐 일은 행하지 아니하였나이다"(창 40:14-15).

요셉은 술 맡은 관원장에게 간곡히 부탁한다. 복직되어서 다시 바로를 섬기게 되면 자신에게 은혜를 베풀어 자신을 이 집에서 건져 달라고 부탁한다. 우리는 요셉의 이러한 행동을 충분히 이해할 수 있다. 하나님은 언제나 사람을 통해서 일하시기 때문이다. 그러나 요셉은 이후로 2년을 더 감옥에 갇혀 있어야 했다. 요셉의 부탁대로 일이 진행되지 않았기 때문이다. 그렇다면 여기에도 하나님의 뜻이 있지 않았을까?

요셉의 해석대로 술 맡은 관원장은 3일 후 복직되어 감옥에서 나갔다(창 40:20-21 참조). 술 맡은 관원장에게 두 번이나 간절하게 부탁한 요셉은 좋은 소식이 오기를 얼마나 기다렸을까? 요셉은 매일같이 감옥의 출입문만 바라봤을 것이다. 매일 아침 기상하면 곧바로 간수장에게 달려가 "혹시 술 맡은 관원장에게서 무슨 소식이 없었나요?"라고 물었을 것이다. 그러나 아무런 기별이 없었다.

몇 주가 지나고 1년이 지나자 요셉의 부풀었던 마음은 마치 바람 빠진 풍선처럼 꺼지고 말았다. 이제는 감옥 문이 열려도 달려가지 않고, 더 이상 술 맡은 관원장의 소식도 기다리지 않았을 것이다. 창세기 40장 23절은 "술 맡은 관원장이 요셉을 기억하지 못하고 그를 잊었더라"라고 기록하고 있다. 화장실에 들어갈 때와 나올 때가 달랐던 것이다. 요셉이 기대하던 일은 그로부터 2년이라는 세월이 흐른 뒤에 일어났다. 요셉에게 이 기약 없는 2년이라는 세월은 무척 힘든 시간이었을 것이다. 기대가 컸던 만큼 절망도 깊었을 것이다. 언뜻 보면 요셉의 인생은 뭐 하나 제대로 되는 것이 없는 것 같았을 것이다. 늘 누군가를 위해 충성을 다하지만 결과가 없었기 때문이다. '왜 내 인생은 되는 게 하나도 없지?', '왜 이리 계속 꼬이기만 할까?' 하며 요셉의 고민은 깊어 가기 시작했을 것이다.

만일 요셉이 자신의 상처만을 들여다보며 사는 사람이었다면 그는 감옥에서 삶을 포기했을지도 모른다. 그러나 그는 상처를 붙들고 사는 사람이 아니었다. 그는 자리를 박차고 다시 일어나 자신에게 주어진 현실을 받아 냈다. 그는 한순간 좌절했지만, 다시 하나님께 기도하면서 자신의 삶에 최선을 다했다. 요셉은 이 일을 통해 사람을 의지하지 않고 더욱 하나님을 의지해야 함을 배웠을 것이다.

수감 생활을 오래한 이유

술 맡은 관원장의 망각

왜 하나님은 요셉이 2년간 더 감옥에 머물도록 하셨을까? 일단 표면적인 이유는 술 맡은 관원장이 요셉의 부탁을 '까마득하게' 잊었기 때문이다.

"술 따르는 신하는 요셉을 까마득하게 잊어버리고 기억하지 않았다"(창 40:23, 현대인의 성경).

'까마득하게'라고 번역된 것은 훗날 술 맡은 관원장이 바로의 꿈을 해석할 사람으로서 요셉을 추천하면서도 그의 이름을 기억하지 못해 '히브리 청년'이라고 말하는 것을 보면 꽤나 적절한 표현이라고 본다.

"그곳에 친위대장의 종 된 히브리 청년이 우리와 함께 있기로 우리가 그에게 말하매 그가 우리의 꿈을 풀되 그 꿈대로 각 사람에게 해석하더니"(창 41:12).

그는 왜 요셉을 까마득하게 잊었는가? 술 맡은 관원장의 입장에서 본다면, 어쩌면 그는 이 일을 다 잊고 싶었을 것이다. 옥에 있을 때는 지푸라기라도 잡는 심정으로 요셉에게 해석을 부탁했고,

또한 요셉이 한 부탁을 들어주고 싶었지만 이제는 잊고 싶었던 것이다. 사람들은 대체로 힘든 일을 겪고 나면 종종 그 일을 잊고 싶어 한다. 회고하는 것 자체가 고통이기 때문이다. 술 맡은 관원장도 마찬가지였을 것이다. 그는 자신의 어둡고 힘겨웠던 감옥 생활을 빨리 잊고 싶었을 것이다. 감옥에 함께 들어갔던 떡 맡은 관원장은 교수형을 당했고, 자신만 아슬아슬하게 살아남지 않았는가? 그는 빨리 그 고통에서 벗어나고 싶었을 것이다. 요셉이 고맙긴 했지만, 그는 히브리 죄인에 불과했다.

인간의 시간표와 하나님의 시간표

이제 하나님의 관점에서 이 사건을 보자. 요셉이 2년간 옥살이를 더 하게 되었던 것에는 하나님의 섭리가 있었다. 비록 요셉이 술 맡은 관원장에게 자신의 석방을 부탁한 것이 죄를 지은 것은 아니었지만, 하나님보다 사람을 믿고 의지했다는 사실에서 본다면 영적으로 좋은 일이 아니었다. 그만큼 요셉이 흔들리고 있었음을 알 수 있다. 만일 그가 하나님을 진심으로 믿고 의지했다면 사람에게 그런 부탁은 하지 않았을 것이다. 이는 요셉에게 좀 더 확고한 믿음이 필요했음을 보여 준다. 요셉에게는 더 철저히 하나님만 믿고 의지하는 훈련이 필요했다.

"여호와께 피하는 것이 사람을 신뢰하는 것보다 나으며 여호와께 피하는 것이 고관들을 신뢰하는 것보다 낫도다"(시 118:8-9).

하나님은 우리가 사람을 신뢰하거나 어떤 힘이나 방법을 의지하기보다는 하나님 한 분만을 의지하고, 믿고, 기대하기를 원하신다. 요셉이 2년 동안을 더 감옥에 있어야 했던 이유가 바로 여기에 있다. 하나님만이 시간과 방법을 결정하는 분임을 알게 하시려는 것이다. 만일 술 맡은 관원장이 요셉의 부탁을 들어 감옥에서 나가자마자 바로에게 이야기했다면 어떻게 되었을까? 좋은 결과는 없었을 것이다. 왜냐하면 바로왕에게는 아직 요셉이 필요하지 않았기 때문이다. 천하를 다스리는 사람에게 히브리 노예 한 사람은 큰 의미가 없었다. 그러나 2년 후 하나님이 꿈을 통해 바로에게 역사하셨을 때는 모든 것이 달라진다. 그는 꿈이 해석되지 않자 몹시 불안해하면서 빨리 요셉을 데리고 오라고 재촉한다(창 41:14 참조).

하나님은 '때가 무르익었을 때' 행동하는 분이시다. 하나님은 모든 것을 아는 전지한 분이기에 가장 좋은 때에 일하신다. 하나님이 요셉으로 하여금 2년간 더 감옥에 머물게 하신 것은, 인간의 시간표가 아니라 하나님의 시간표에 따라 사는 법을 훈련하시기 위함이었다. "범사에 기한이 있고 천하 만사가 다 때가 있나니 날 때가 있고 죽을 때가 있으며 심을 때가 있고 심은 것을 뽑을 때가"(전 3:1-2) 있는 것이다. 하나님은 모든 것을 지으시되 때를 따라 아름답게 하셨다(전 3:11 참조). 그러므로 우리도 하나님의 때를 기다리며 인식하는 영적인 훈련이 필요하다. 하나님은 요셉에게 조급한 마음을 내려놓고 당신의 때를 기다릴 수 있도록 훈련하셨다.

"너는 여호와를 기다릴지어다 강하고 담대하며 여호와를 기다릴
지어다"(시 27:14).

이처럼 우리는 하나님의 때를 기다려야 한다. 우리가 정한 시
간표에 하나님의 시간을 맞추려 하지 말고 하나님의 때에 우리가
맞춰야 한다. 유대인들은 유월절이 되면 〈아니 마민〉(ani mamin)이
라는 노래를 꼭 부른다고 한다. '아니 마민'이란 히브리어로 '나는
믿는다'라는 뜻이다. 이것은 악명 높은 아우슈비츠 수용소에서 작
사, 작곡되어 불린 노래다. 그 내용은 다음과 같다.

"나는 믿는다. 메시아가 나를 돕기 위해서 반드시 찾아오신다
는 사실을."

수용소에 갇혀 있던 유대인들은 이 노래를 부르며 하나님의 구
원을 고대했다. 하지만 하나님은 오시지 않았다. 동료 유대인들이
하나둘씩 가스실로 끌려가는 것을 보면서 수용소의 많은 유대인
은 한 구절을 더 넣어 불렀다.

"그런데 때때로 메시아는 너무 늦게 오신다."

하지만 수용소에 갇혀 있던 외과 의사 출신의 한 젊은 유대인
은 그렇게 부르지 않았다. 그는 다른 동료들이 체념하고 죽음의

운명을 받아들일 때 자신을 다듬기 시작했다. 그는 모든 사람이 깊이 잠든 시간에 홀로 일어나 유리 조각으로 면도를 하며 자기를 가꾸기 시작했다. 나치 대원들이 가스실에 보낼 죄수들을 선발할 때 수염 하나 없이 단정한 그를 가스실로 보낼 수는 없었다. 그는 마침내 전쟁이 끝났을 때 얼마 남지 않은 생존자 중 한 사람으로 수용소를 나올 수 있었고, 〈아니 마민〉 노래를 다음과 같이 고쳐 불렀다.*

나는 믿는다. 나의 메시아가 나를 돕기 위해서 반드시 찾아오리라는 사실을. 그런데 사람들은 너무 서두른다. 그래서 믿음을 포기하는 자가 많다.

나중에 공개된 그의 일기에는 이런 글이 쓰여 있었다.

고통 속에서 죽음을 택하는 것은 가장 쉽고 나태한 방법이다. 죽음은 그렇게 서두를 것이 못 된다. 죽음 앞에서 살아보려는 부활의 의지, 이것이 새로운 창조이다.

이 사람이 바로 정신과 의사로 유명한 빅터 플랭클(Viktor Frankl) 이다. 혹 하나님의 도우심이 너무 늦어져 고민하고 있는가? '도대

---

* 송봉모,《신앙의 인간 요셉》(바오로딸, 2008)에서 재인용함. pp. 153-154.

체 언제까지 기다려야 하나' 하며 한탄하고 싶은가? 기다려라. 하나님은 늦지 않게 오실 것이다.

　요셉은 3년 동안 죄수의 옷을 입고 감옥살이를 하면서 철저하게 자신을 내려놓는 훈련을 했다. 인내하며 오직 하나님만을 의지하는 훈련을 한 것이다. 겉사람만 연단받은 것이 아니라, 이제 속사람까지 연단을 받아서 온전한 하나님의 사람으로 성장해 갔다. 요셉이 죄수의 옷을 입고 감옥에서 보낸 3년은 너무도 값진 훈련의 시간이었다. 이 시간이 있었기에 요셉은 총리가 되어 많은 사람을 기근에서 구할 수 있었고, 야곱의 후손들이 애굽에 정착하여 큰 민족이 되는 데 발판을 마련할 수 있었다. 구속사적인 차원에서 본다면, 요셉이 죄수의 옷을 입고 감옥에서 보낸 시간들은 그의 이야기에서 가장 핵심적인 시간이었다.

4부

하나님이
입혀주신 새 옷

1

세마포 옷을
입은 요셉

본문에는 드디어 요셉이 애굽의 총리가 되어 세마포 옷을 입는 내
용이 나온다. 하나님은 요셉에게 이 옷을 입히려고 지난 13년 동
안이나 그를 훈련시키셨다. 요셉이 죄수의 옷을 벗고 세마포 옷을
입게 된 데에는 하나님의 놀라운 섭리가 있었다.

하나님이 입혀 주신 새 옷

술 맡은 관원장에게 걸었던 기대가 무너진 뒤, 요셉은 아무 소망
도 없이 또 2년이라는 세월을 감옥 속에서 보낸다. 그러던 어느
날, 하나님은 애굽의 바로왕에게 괴이한 두 개의 꿈을 꾸게 하셨
다. 첫 번째 꿈은 그가 나일 강가에 서 있을 때 벌어진 일이었다.
살진 암소 일곱 마리가 나타나 갈대 풀을 뜯고 있는데 갑자기 볼
품없고 여윈 소 일곱 마리가 나타나더니 살진 소 일곱 마리를 잡

아먹는 꿈이었다(창 41:1-4 참조). 두 번째 꿈은 줄기 하나에서 일곱 이삭이 돋아나 토실토실 여물어 가는데 뒤이어 돋아난 일곱 이삭이 샛바람에 말라비틀어진 쭉정이가 되더니 갑작스레 잘 여문 이삭을 삼켜 버리는 꿈이었다(창 41:5-7 참조). 첫 번째 꿈은 목축과 관련된 것이고, 두 번째 꿈은 농사와 관련된 것이었다. 꿈에서 깬 바로는 불안한 마음을 감추지 못했다.

"아침에 그의 마음이 번민하여 사람을 보내어 애굽의 점술가와 현인들을 모두 불러 그들에게 그의 꿈을 말하였으나 그것을 바로에게 해석하는 자가 없었더라"(창 41:8).

고대 사회에서는 꿈을 신성하게 여겼다. 특별히 왕의 꿈은 나라의 운명과 깊은 관련이 있다고 믿어 이를 해석하는 점술가들과 현인들이 왕 곁에 있었다. 불안한 마음에 바로왕이 자기 점술가들과 현인들에게 꿈 이야기를 해 주었으나 이를 해석하는 자가 하나도 없었다. 그러자 바로의 마음은 더욱 불안하고 초조해졌다. 이 때 하나님은 술 맡은 관원장에게 그동안 잊고 살았던 옥살이를 기억하게 하셨다. 술 맡은 관원장은 비록 고통스러운 시간이었으나 요셉을 만나서 꿈을 해석한 후에 자신이 복직된 사실을 왕에게 알렸다.

"술 맡은 관원장이 바로에게 말하여 이르되 내가 오늘 내 죄를 기억하나이다 바로께서 종들에게 노하사 나와 떡 굽는 관원장을 친위대장의 집에 가두셨을 때에 나와 그가 하룻밤에 꿈을 꾼즉 각기 뜻이 있는 꿈이라 그곳에 친위대장의 종 된 히브리 청년이 우리와 함께 있기로 우리가 그에게 말하매 그가 우리의 꿈을 풀되 그 꿈대로 각 사람에게 해석하더니 그 해석한 대로 되어 나는 복직되고 그는 매달렸나이다(창 41:9-13).

술 맡은 관원장은 바로에게 "오늘 내 죄를 기억하나이다"라고 말하면서 조심스럽게 자신이 옥살이를 하면서 만났던 요셉에 관한 이야기를 들려주었다. 그의 말은 고민하던 바로에게 한 줄기의 희망 같았을 것이다.

드디어 바로 앞에 선 요셉

요셉의 굳건한 신앙

"이에 바로가 사람을 보내어 요셉을 부르매 그들이 급히 그를 옥에서 내 놓은지라 요셉이 곧 수염을 깎고 그의 옷을 갈아입고 바로에게 들어가니 바로가 요셉에게 이르되 내가 한 꿈을 꾸었으나 그것을 해석하는 자가 없더니 들은즉 너는 꿈을 들으면 능히 푼다 하더라 요셉이 바로에게 대답하여 이르되 내가 아니라 하나님께서 바로에게 편안한 대답을 하시리이다"(창 41:14-16).

바로는 즉시 사람을 보내어 보디발의 감옥에서 요셉을 불러들인다. 그때 왕의 신하들은 요셉이 입은 죄수의 옷을 벗기고, 요셉의 수염을 정리한 후에 새로운 옷을 입혀서 왕에게 데려온다. 이때 요셉이 입고 있던 죄수의 옷이 벗겨진다. 여기서 그동안 요셉이 입고 살았던 죄수복이 벗겨진 것은 그의 앞에 새로운 미래가 펼쳐질 것을 암시한다. 아직 세마포 옷은 입지 못했지만, 요셉 앞에는 새로운 미래가 기다리고 있었다.

바로는 요셉을 마치 꿈을 잘 해석하는 신비한 인물로 생각했던 것 같다. 그래서 요셉을 보자마자 "들은즉 너는 꿈을 들으면 능히 푼다 하더라"라고 말한다. 이때 요셉은 자신이 아니라 하나님이 모든 꿈을 해석하신다는 사실을 분명히 밝힌다. 요셉은 자신을 높이는 대신 하나님을 높이며 하나님을 드러낸다. 이런 요셉의 태도는 자칫 잘못하면 바로왕을 자극할 수 있었다. 그 당시 애굽의 왕들은 본인 스스로를 신과 같은 존재로 여겼기 때문이다. 자신을 신처럼 여기는 바로에게 하나님을 높이는 발언은 위험한 것이었다. 그것도 히브리 종이요, 죄수라는 보잘것없는 신분을 가진 요셉에게서 그런 말을 듣는 것은 분명 바로에게 유쾌한 일이 아니었을 것이다. 그렇다면 요셉이 이런 사실을 몰랐기에 한 말이었을까? 아니다. 요셉은 오랫동안 애굽에서 생활하며 이러한 사실을 이미 알고 있었다. 알고 있었음에도 불구하고 하나님을 높인 것은 그만큼 요셉이 하나님을 신뢰하고 있었을 뿐만 아니라, 애굽 땅에서도 하나님이 높임 받으시기를 원하는 소망이 있었기 때문이다.

바로의 꿈을 해석하는 요셉

바로는 자신의 꿈을 요셉에게 이야기하고, 요셉은 그 꿈을 차근차근 풀어서 해석하기 시작한다. 먼저, 요셉은 두 개의 꿈이 하나의 메시지를 담고 있음을 설명한다. 일곱 마리 암소와 일곱 이삭은 각각 7년을 상징하며(창 41:25-27 참조), 이어서 꿈이 현실에서 어떻게 나타날지를 풀이해 주고 있다. 곧 7년 동안 연속해서 풍년이 있고, 이후 7년 동안 연속해서 흉년이 올 것이라고 말한다(창 41:29-31 참조). 마지막으로 같은 메시지가 담긴 꿈을 두 번이나 꾼 이유는 이 일이 반드시 일어날 사건이기 때문이라는 사실을 강조한다(창 41:32 참조).

요셉은 바로의 꿈을 해석하면서 꿈의 계시자가 하나님이심을 거듭 강조한다. "하나님이 그가 하실 일을 바로에게 보이심이니이다"(창 41:25, 28, 32 참조)라고 말하며, 모든 일이 하나님의 계시임을 강조한다. 이러한 발언은 애굽의 왕 바로가 아니라, 여호와 하나님께서 역사의 주인이라는 사실을 강조하는 것이다. 이렇게 바로에게 꿈을 해석해 준 요셉은 한 걸음 더 나아가, 앞으로 벌어질 사태를 대비할 수 있는 구체적인 방안까지 제시한다.

"이제 바로께서는 명철하고 지혜 있는 사람을 택하여 애굽 땅을 다스리게 하시고 바로께서는 또 이같이 행하사 나라 안에 감독관들을 두어 그 일곱 해 풍년에 애굽 땅의 오분의 일을 거두되 그들로 장차 올 풍년의 모든 곡물을 거두고 그 곡물을 바로의 손에 돌려 양식을 위하여 각 성읍에 쌓아 두게 하소서 이와 같이 그 곡물을 이 땅에 저장하여 애굽 땅에 임할 일곱 해 흉년에 대비하시면 땅이 이 흉년으로 말미암아 망하지 아니하리이다"(창 41:33-36).

요셉이 제시한 방안은 크게 세 가지였다. 첫째는, 애굽 온 땅을 다스릴 명철하고 지혜 있는 사람을 세우는 것, 둘째는, 그의 명을 받아 일하게 될 감독자들을 각 지역에 세우는 것, 셋째는, 7년 풍년의 해에 수확량의 5분의 1을 거두어 각 지역 창고에 보관하도록 한 것이다. 이를 통해 우리는 정결하고 깨끗한 성품의 믿음 좋은 요셉만이 아니라, 지혜롭고 유능하며 참으로 주도면밀한 요셉을 만나게 된다. 이런 요셉의 지혜는 지혜의 근본이신 하나님으로부터 온 것이다. 요셉은 언제 식량을 비축해야 하고 언제 풀어야 할지를 이미 예측했으며, 이 문제를 어떻게 추진해야 할지도 이미 알고 있는 듯 말했다. 하나님이 이미 요셉의 영성과 성품을 다듬어 그를 첫 번째 방안인 명철하고 지혜 있는 사람에 적합한 인물로 만들어 놓으신 것이다. 그는 바로의 꿈을 해석함으로 14년이라는 긴 세월 동안 제국을 어떻게 이끌어야 하는지에 대한 장기적 계획의 청사진을 갖게 되었다.

하나님께서 준비하신 새 옷

세마포 옷을 입은 요셉

이 말을 들은 바로는 요셉이 보통 사람이 아님을 깨닫는다. 비록 요셉은 옥에서 갓 나온 죄수이자 하찮은 히브리의 종이었지만, 요셉이야말로 미래의 모든 일을 책임지고 수행할 적임자임을 직감한다. 바로는 현실과 실리를 중시하는 사람이었다. 또한 자신에게 주어진 계시를 알아차리고 받아들일 줄 아는 사람이었다. 바로는 요셉의 말을 듣고 감탄한다.

"이와 같이 하나님의 영에 감동된 사람을 우리가 어찌 찾을 수 있으리요 하고 요셉에게 이르되 하나님이 이 모든 것을 네게 보이셨으니 너와 같이 명철하고 지혜 있는 자가 없도다"(창 41:38-39).

바로는 요셉이 꿈을 해석하면서 미래에 있을 일까지 단번에 제시하는 것을 듣고 놀랐다. 요셉이 자신의 꿈을 미리 알았던 것이 아닌데 내용을 듣는 즉시 해석뿐 아니라 대책 방안까지 술술 내놓고 있으니 감탄할 만도 하다. 바로는 즉시 요셉을 총리로 임명한다.

"너는 내 집을 다스리라 내 백성이 다 네 명령에 복종하리니 내가 너보다 높은 것은 내 왕좌뿐이니라 바로가 또 요셉에게 이르되 내가 너를 애굽 온 땅의 총리가 되게 하노라 하고 자기의 인장 반지를 빼어 요셉의 손에 끼우고 그에게 세마포 옷을 입히고 금 사슬을 목에 걸고 자기에게 있는 버금 수레에 그를 태우매 무리가 그의 앞에서 소리 지르기를 엎드리라 하더라 바로가 그에게 애굽 전국을 총리로 다스리게 하였더라"(창 41:40-43).

참으로 놀라운 일이 아닐 수 없다. 바로가 "내가 너보다 높은 것은 내 왕좌뿐이니라"라고 말하며 자기 손의 인장 반지를 빼 요셉의 손에 끼우고, 요셉에게 총리가 입는 '세마포 옷'을 입혀준 것이다. 드디어 죄수복이 벗겨지고 요셉이 진정한 새 옷을 입게 된 것이다. 이로써 하나님이 요셉에게 보여 주셨던 꿈이 그대로 이루어졌다. 가족에게 버림받은 히브리 종이자 죄수는 세마포 옷을 입고 역사의 전면에 등장한다. 세마포 옷은 가는 베옷으로, 더운 애굽의 날씨에 잘 어울리는 시원한 옷이었다. 세마포는 고대 애굽의 특산품 중 하나였으며(겔 27:7 참조), 후에 제사장들의 옷을 만드는 주요 재료였다(출 39:27-29; 삼상 2:18, 22:18 참조). 정결함의 상징으로 여겨져(계 19:8 참조) 성전 휘장의 재료로 사용되기도 했으며(대하 3:14 참조), 시체를 감는 천으로도 쓰였다. 예수님의 시신 또한 세마포로 감쌌다(마 27:59 참조).

미래를 열어 요셉을 세우시는 하나님

여기서 함께 나누고 싶은 놀라운 은혜가 하나 있다. 그것은 하나님이 당신의 주권 아래 두셨던 '미래를 열어서' 요셉을 세우셨다는 사실이다. '미래'란 오직 하나님의 영역으로서 하나님의 주권 아래 있다.

> "하나님이 모든 것을 지으시되 때를 따라 아름답게 하셨고 또 사람들에게는 영원을 사모하는 마음을 주셨느니라 그러나 하나님이 하시는 일의 시종을 사람으로 측량할 수 없게 하셨도다"(전 3:11).

하나님은 우주 만물을 지으시되 때를 따라 아름답게 하셨다. 여기서 '때를 따라'서 만물을 창조하셨다는 사실은 우주 만물이 다 하나님의 섭리 가운데 있음을 강조하는 내용이다. 그런데 하나님은 미래에 관한 것만큼은 우리가 알 수 없게 하셨다. 여기서 '시종'이란 시작과 끝을 의미하는데, 하나님에게는 시작과 끝이 확정되어 있다는 의미가 내포되어 있다. 따라서 하나님은 당신이 정하신 그 모든 일의 과정과 결과에 대해 모두 아신다. 그러나 인간은 이를 알 수 없게 하셨다. 비록 인간에게 영원을 사모하는 마음을 주셨으나, 그것을 진정 알 수 없게 하셨다.

그런데 지금 요셉이 해석한 내용이 무엇인가? 모두 미래에 해당하는 일이다. 바로 곁에 있던 점술가와 현인들이 바로의 꿈을 제대로 해석하지 못한 이유가 여기에 있었다. 또한 바로가 당시에는 가장 큰 문명국의 왕으로서 모든 권력과 부와 지식을 다 소유하고 있었지만, 미래에 관해서는 아는 바가 없었다. 미래는 오직 하나님의 주권 아래 있기 때문이다. 그런데 하나님은 요셉을 애굽의 총리로 세우기 위해 과감하게 그 미래를 열어 보이신 것이다. 요셉으로 하여금 애굽에 닥칠 미래를 볼 수 있게 하셨고, 요셉에게 그런 능력이 있다는 사실을 알았던 바로는 요셉을 곧바로 총리로 세운 것이다. 참으로 놀라운 은혜가 아닐 수 없다. 하나님은 종말을 사는 우리에게도 이러한 놀라운 은혜를 약속해 주셨다.

> "그 후에 내가 내 영을 만민에게 부어 주리니 너희 자녀들이 장래 일을 말할 것이며 너희 늙은이는 꿈을 꾸며 너희 젊은이는 이상을 볼 것이며"(욜 2:28).

하나님은 예수님을 통해 우리에게 성령을 부어 주셨다. 성령을 받은 이들은 언제나 가슴이 뜨겁다. 그들에게는 미래가 있기 때문이다. 그래서 성령을 받은 사람들은 늙은이든 젊은이든 꿈을 꾸고 이상을 볼 것이라고 말하고 있다. 여기서 말하는 '꿈'과 '이상'은 곧 미래의 일을 말한다. 과감하게 미래를 열어 요셉을 세우신 하나님은 신약 시대 이후로 성령을 받은 자들에게 미래의 꿈을 품고 살게 하셨다. 그러므로 그리스도인은 미래를 품고 사는 이들이다. 혹 길이 보이지 않아 혼란한 삶을 살고 있는가? 먼저 미래의 꿈을 찾아보라. 우리에게는 미래가 열려 있다. 사방이 꽁꽁 막혀 있던 감옥에서 요셉을 꺼내기 위해 하나님은 미래를 열지 않으셨는가?

그런데 한 가지 기억해야 할 사실은, 하나님이 미래를 여시기까지 오랜 시간이 필요하다는 것이다. 요셉에게는 13년이라는 세월이 필요했고, 모세는 40년이나 걸렸으며, 다윗에게도 13년이라는 세월이 필요했다. 사람마다 그 기간은 다를 수 있지만, 하나님은 그들을 위해 미래를 준비하셨다. 하나님은 지금도 우리의 미래를 준비하고 계신다. 때가 되면 하나님이 반드시 미래를 열어 당신을 요셉처럼 세우실 것이다. 그러므로 어떤 상황 속에서도 실망하거나 좌절하지 말고, 묵묵히 주어진 상황 속에서 순종하며 나아가야 한다.

2

두 아들을
얻은 요셉

드디어 요셉이 애굽의 총리가 되었다. 사람의 운명이 이처럼 순식간에 바뀔 수 있을까? 하나님의 뜻이 있다면 우리의 삶도 순식간에 바뀔 수 있다. 그러나 기억해야 할 것은, 이를 위해 요셉은 13년이라는 긴 세월 동안 고통을 견뎌야 했다는 사실이다. 그 과정이 없었더라면 요셉은 애굽의 총리가 되지 못했을 것이다. 그러므로 요셉은 한순간에 삶이 바뀐 것이 아니라, 고난의 과정을 잘 인내한 결과 삶이 바뀐 것이다. 하나님은 요셉의 채색옷을 벗긴 후에 종의 옷을 입고 10년, 또 죄수의 옷을 입고 3년간 그를 연단하셨다. 그 결과가 애굽의 총리였다. 그러므로 우리는 요셉의 극적인 변화만 볼 것이 아니라, 그가 겪어 냈던 고된 삶을 기억해야한다. 바로는 요셉의 이름을 애굽식으로 바꾸고 그를 애굽 여인과 혼인시킨다.

"그가 요셉의 이름을 사브낫바네아라 하고 또 온의 제사장 보디베라의 딸 아스낫을 그에게 주어 아내로 삼게 하니라 요셉이 나가 애굽 온 땅을 순찰하니라˺(창 41:45).

개명과 결혼

요셉을 애굽의 총리로 임명한 바로는 히브리인인 요셉을 애굽의 지도자로 세우기 위해 그의 신분을 애굽의 귀족으로 변화시킨다. 이를 위해 요셉에게 애굽식 이름을 내린다. 요셉의 애굽식 이름은 '사브낫바네아'였다. 이 이름은 다양한 의미를 갖고 있지만, 정리해 보면 '애굽의 구원자'라는 뜻이다. 바로는 애굽의 생명, 즉 애굽의 운명을 요셉에게 맡긴 것이다. 스스로를 신의 아들이라 칭하던 바로가 요셉에게 '애굽의 구원자'라는 의미의 이름을 준 것은 요셉 안에서 역사하시는 하나님의 능력을 보았기 때문이다.

바로는 이어서 요셉을 애굽의 귀족인 '온의 제사장 보디베라의 딸 아스낫'과 결혼을 시킨다. '온'은 '태양의 도시' 또는 '신들의 집들'(렘 43:13 참조)이라는 의미를 갖는데, 태양 숭배의 중심지이자 제사장들이 거주하던 지역이었다. '온의 제사장 보디베라'는 제사장 중에서도 부와 권력을 지닌 애굽의 귀족 중 하나였다. 요셉이 영향력 있는 종교 지도자의 딸과 결혼함으로써 부와 권력의 핵심부에 들어선 것이다. 히브리 노예요, 무기수에 불과했던 요셉이 사회적으로는 애굽 최상위층 귀족이 되었고, 정치적으로는 바로

다음가는 최고 권력자가 되었다. 이것은 오직 하나님의 은혜였다. 하나님이 주신 지혜와 능력으로 요셉이 큰 복을 받은 것이다.

두 아들의 이름

요셉은 30세에 애굽의 총리가 되었다. 그는 애굽의 총리가 되자마자 바로의 궁을 떠나 애굽의 온 땅을 순찰하면서 풍년이 들었던 7년 동안 곡식을 모아 각 성읍에 저장했다.

"쌓아 둔 곡식이 바다 모래같이 심히 많아 세기를 그쳤으니 그 수가 한이 없음이었더라"(창 41:49).

이후 7년간의 대풍년이 끝나고 흉년이 시작되기 전에 두 아들을 얻었다.

"흉년이 들기 전에 요셉에게 두 아들이 나되 곧 온의 제사장 보디베라의 딸 아스낫이 그에게서 낳은지라 요셉이 그의 장남의 이름을 므낫세라 하였으니 하나님이 내게 내 모든 고난과 내 아버지의 온 집 일을 잊어버리게 하셨다 함이요 차남의 이름을 에브라임이라 하였으니 하나님이 나를 내가 수고한 땅에서 번성하게 하셨다 함이었더라"(창 41:50-52).

드디어 요셉에게 두 아들이 태어났다. 요셉은 맏아들의 이름을 '므낫세'로 지었고, 차남의 이름을 '에브라임'이라 지었다. 결혼해서 두 아들을 얻음으로써, 요셉은 드디어 과거의 삶을 청산하고 새로운 미래를 향해 나아가게 되었다.

먼저 맏아들의 이름인 '므낫세'는 "하나님이 내게 내 모든 고난과 내 아버지의 온 집 일을 잊어버리게 하셨다"라는 뜻이다. 요셉은 맏아들을 품에 안고서야 자신이 겪었던 모든 아픔과 상처를 잊어버릴 수 있었다. 여기서 '내 모든 고난'이란 애굽에서 노예로 살았던 13년의 세월을 말하는 것이고, '내 아버지의 온 집 일'이란 17년 동안 채색옷을 입고 살다가 결국 형들에 의해 채색옷이 벗겨지면서 애굽의 노예로 팔린 일을 말한다. 그는 마음에 묻어 두었던 모든 아픔을 맏아들을 낳아 품에 안으면서 잊어버렸다.

여기서 '잊어버렸다'는 것은 무슨 말일까? 이 말은 아버지와 형제들을 다 잊었다는 것이 아니다. 그 한을 더 이상 품지 않겠다고 결심한 것이다. 이 말을 뒤집어 보면, 요셉은 그동안 그 아픔의 기억들을 잊지 못한 채 살아왔다는 것이다. 므낫세가 태어나기 전까지 종의 옷을 입고 살았던 13년의 세월과 세마포 옷을 입고 애굽의 총리가 되어 살았던 7년, 총 20년 동안 요셉은 과거의 고통스러운 기억들과 싸우며 살아온 것이다. 잊으려고 많이 노력했겠지만 잊을 수 없어서 홀로 외로움과 아픔에 몸부림치며 살았을 것이다. 요셉이 아픈 기억을 내려놓게 된 것은 세월이 흘렀기 때문이 아니다. 사람들은 흔히 세월이 약이라는 말을 하지만, 너무나 큰 아픔이나 기억은 흐르는 세월에 씻겨 내려가지 않는다. 요셉도 마찬가지이다. 그가 비로소 아픈 기억을 씻어 내겠다고 결심한 것은 그의 피붙이가 태어났기 때문만은 아니었다. 아들을 얻은 기쁨 때문에 자신이 겪은 모든 고난과 고통을 잊은 것이 아니라, 맏아들을 안고 나서야 자신이 왜 애굽에 왔는지, 하나님이 왜 두 번의 꿈을 꾸게 해 당신의 나라를 품게 하셨는지 그 이유를 깨달은 것이다. 다시 말하면, 이 모든 것이 하나님의 섭리 가운데 이루어지고 있음을 알게 된 것이다.

둘째 아들의 이름인 '에브라임'은 "하나님이 나를 내가 수고한 땅에서 번성하게 하셨다"라는 뜻이다. 본래 '에브라임'이라는 단어는 '기름진 땅', 혹은 '두 배의 창성함'을 의미한다. 장남 '므낫세'가 과거에 초점을 둔 이름이라면, '에브라임'은 미래에 초점을 둔 이름이었다. 요셉은 하나님이 애굽 땅에서 자신을 번성하게 하셨으며, 앞으로도 계속해서 번성하게 하실 것을 믿었다. 왜냐하면 그것이 그가 애굽에서 행해야 할 사명과 깊은 관계가 있었기 때문이다. 그러므로 '에브라임'은 요셉이 받은 사명에 초점을 둔 이름이라 할 수 있다. 이때부터 요셉은 더 적극적으로 자신에게 주신 하나님의 사명과 그분의 나라에 대한 비전을 분명하게 갖게 되었다. 때문에 창세기 기자는 이후부터 요셉과 형들의 만남이 어떻게 이루어지는지를 소개하고 있다.

3

어제와 오늘

본문에는 요셉이 애굽에 팔려 간 지 약 22년 만에 형들을 다시 만나는 극적인 장면이 묘사된다. 요셉은 형제들과 헤어진 지 13년이 되었을 때 애굽의 총리가 되었고, 풍년이 든 7년 동안 전국을 순찰하며 소출의 5분의 1을 세금으로 거둬들여 각 지방의 창고에 저장해 곧 닥칠 7년 대기근을 준비했다. 한편 애굽과 팔레스타인 전역에 흉년이 들기 시작하자 가나안에서 살던 야곱이 아들들에게 애굽에 가서 곡식을 얻어 오라고 명한다. 이때는 기근이 시작된 지 약 2년 정도가 지난 시점이라 생각된다. 요셉과 그의 형들이 헤어진 지 대략 22년 만의 일이다.

"그때에 야곱이 애굽에 곡식이 있음을 보고 아들들에게 이르되 너희는 어찌하여 서로 바라보고만 있느냐 야곱이 또 이르되 내가 들은즉 저 애굽에 곡식이 있다 하니 너희는 그리로 가서 거기서 우리를 위하여 사 오라 그러면 우리가 살고 죽지 아니하리라 하매"(창 42:1-2).

어제와 오늘

무엇이 차이를 만드는가

22년이 지난 시점이다. 요셉과 그 형들의 모습을 살펴보면 많은 차이가 있음을 알 수 있다. 요셉은 대제국의 총리가 되어 천하를 다스리고 있는 것에 비해, 요셉의 형들은 22년 전이나 오늘이나 달라진 것이 없는 모습이다. 요셉은 지성과 영성을 겸비한 최고의 사람이 되었는데, 요셉의 형들은 그저 생존하기에 급급했다. 그들은 혹독한 기근을 예측할 수도 없었고, 이에 대한 어떤 대책을 세울 수도 없었다. 야곱은 "서로 바라보고만 있느냐"라며 그들을 책망하고 있다. 그들이 기근이 시작되어 식량이 점점 떨어지고 있음에도 불구하고 아무런 대책도 세우지 못하자, 오히려 나이가 많은 야곱이 나서서 아들들에게 애굽에 가서 곡식을 사 오라며 해결 방안을 제시하고 있다. 무엇이 요셉과 다른 형제들의 이런 차이를 만든 것일까?

우리도 이런 경험을 할 때가 종종 있다. 오래된 초등학교 동창들을 만나면 참 반가워하며 말한다.

"야, 너도 많이 늙었구나. 길에서 우연히 마주치면 몰라보겠는걸?"

그리고는 반갑게 차를 마시며 옛 추억을 나눈다. 그러나 시간이 흐르면 흐를수록 대화의 주제가 자연스럽게 과거에서 현재로 옮겨진다. 과거의 이야기가 아니라 현재 사는 모습에 대해서 이야기를 나누게 된다. 그런데 다들 행복하게 사는 것이 아님을 알 수 있다. 어릴 때는 큰 차이를 느끼지 못했는데, 오랜 세월을 지나다 보니 큰 차이를 느끼게 된다. 어떤 친구들은 깊은 인품과 성숙한 삶의 태도를 갖고 있는 데 반해, 어떤 친구들은 옛날 그대로의 모습인 것을 보게 된다. 무엇이 이런 차이를 만드는 것인가? 어제와 오늘 사이에 무슨 일이 있었던 것일까? 우리가 사는 인생은 한편으로는 대단히 냉혹하다. 하나님은 우리가 무엇으로 심든지 그대로 거둔다고 말씀하신다.

"스스로 속이지 말라 하나님은 업신여김을 받지 아니하시나니 사람이 무엇으로 심든지 그대로 거두리라 자기의 육체를 위하여 심는 자는 육체로부터 썩어질 것을 거두고 성령을 위하여 심는 자는 성령으로부터 영생을 거두리라"(갈 6:7-8).

우리는 하루하루를 그저 사는 것이 아니다. 오늘도 우리는 무엇인가를 심으면서 살고 있다. 결국 우리가 매일 심는 것들이 우리 인생의 결과로 드러나는 것이다. 우리는 하루하루를 깊은 생각과 믿음으로 살아야 한다.

장석주 시인이 쓴 〈대추 한 알〉*이라는 시다.

---

* 장석주, 《붉디 붉은 호랑이》(애지, 2005).

저게 저절로 붉어질 리는 없다

저 안에 태풍 몇 개

저 안에 천둥 몇 개

저 안에 벼락 몇 개

저 안에 번개 몇 개가 들어 있어서

붉게 익히는 것일 게다

장석주 시인은 대추가 저절로 빨개질 리 없다고 한다. 대추 안에 태풍과 천둥과 벼락과 번개가 들어 있어 붉게 익었다고 한다. 기가 막힌 표현이다. 어찌 대추만이 그렇겠는가? 우리 인생도 마찬가지다. 현재의 삶이란 그저 된 것이 아니라 어제 내가 심은 것의 결과다. 마치 대추처럼 태풍도 맞고, 천둥과 벼락도 맞는다. 그것들이 하루하루 차곡차곡 쌓여서 오늘을 이루고 있는 것이다. 누구나 많은 고난과 역경 속에서 살고 있지만, 그 고난과 역경 속에서 어떻게 살고 있느냐가 그 차이를 만드는 것은 아닐까?

고난이 있었다

요셉과 그의 형들이 살았던 지난 22년간의 삶을 비교해 보자. 무엇이 서로 달랐을까? 먼저 고난의 크기가 달랐다. 요셉은 지난 13년 동안 상당히 혹독한 고난을 겪어야 했다. 채색옷을 입고 아버지의 사랑을 독차지하던 요셉은 어느 날 갑자기 채색옷이 벗겨지더니 구덩이에 던져지고 말았다. 조금 후에 요셉은 알몸으로 구덩이에서 나와 애굽의 노예로 팔려 갔다. 그때부터 요셉은 종의 옷을 입고 10년 동안이나 노예의 삶을 살아야 했다. 그 후에는 억울한 누명을 쓴 채 죄수의 옷을 입고 3년이나 옥살이를 해야 했다. 요셉이 겪었던 고난은 누구나 쉽게 견딜 수 있는 것이 아니었다. 그럼에도 요셉은 이에 굴하지 않고 하나님 안에서 최선의 삶을 살았다. 그는 단 한 번도 자신에게 다가온 불행을 비관하거나 불평하지 않았다. 그는 자신에게 닥친 모든 위기에 순응하면서 영적인 훈련을 받았다. 그 결과 그는 애굽의 총리가 되어 하나님의 뜻을 이루게 되었다.

그러나 요셉의 형제들에게는 큰 고난이 없었다. 그들은 지난 22년간 목축업을 하면서 무난하게 잘 살았다. 물론 그들에게도 나름대로 여러 가지 위기와 고난이 있었을 것이라고 생각된다. 성경에는 기록되어 있지 않지만, 그들도 결혼해서 자녀를 낳아 기르며 아버지를 모시고 목축업을 했으니 어찌 위기가 없었겠는가? 그러나 요셉에 비하면 그들이 겪은 고난은 그리 큰 것이 아니었을 것이다. 그들이 만난 가장 큰 위기는 최근에 시작된 기근이었을 것이다. 물론 큰 고난 없이 사는 것도 축복일 수 있다. 어쩌면 우리는 고난이 없는 평안한 삶을 꿈꾸는지 모른다. 큰 고난이나 걱정 없이 사는 것이 사실 우리 기도의 핵심 내용이 아닌가? 그러나 하나님이 보시기에 무탈하게 사는 것이 복일 수는 없다. 왜냐하면 우리는 고난 속에서야 영적인 성장을 이룰 수 있는 존재이기 때문이다.

지금 고난의 시기를 보내고 있는가? 그렇다면 선택해야 한다. 이 고난을 단순히 아픈 기억으로 남길 것인가, 아니면 연단의 시간으로 만들 것인가? 하나님은 인생의 고비마다 당신의 선택을 기다리고 계신다.

고난 속에서 의미를 발견하라

그런데 한 가지 더 생각하고 싶은 것이 있다. 그것은 고난을 겪는다고 누구나 다 영적으로 성숙하고 복을 받는 것은 아니라는 사실이다. 어떤 태도로 고난을 대하는가에 따라서 많은 차이가 발생한다. 어떤 태도로 고난을 대하느냐가 다른 결과를 만들어 내는 것이다. 우리 주변에는 언제나 뜻하지 않게 큰 병에 걸리거나, 큰 사고로 부상을 당하거나, 부도가 나서 하루아침에 모든 것을 잃거나, 부부 사이에 큰 갈등이 생겨서 가정이 파괴될 위기에 처한 사람이 수도 없이 많다. 그런데 이 위기를 겪었다고 다 요셉처럼 성숙한 삶을 살고 있는가? 아니다. 고난을 겪었다고 다 동일한 결과를 만드는 것은 아니다. 그 고난을 어떤 태도로 이겨 냈느냐가 더 중요한 일임을 알 수 있다. 만일 우리가 고난 앞에서 적극적으로 행동한다면, 우리의 내일은 밝을 것이다. 그러나 고난을 그저 견디기만 한다면 그 고난은 어떤 열매도 맺을 수 없을 것이다. 이는 오히려 깊은 상처를 만들고, 삶을 더욱 무겁게 할 뿐이다.

그렇다면 우리가 받은 고난을 통하여 좋은 결과를 얻으려면 무엇을 해야 할까? 고난 속에서 그 의미를 찾아야 한다. 예수님을 생각해 보라. 왜 예수님이 십자가를 지셔야 했는가? 만일 십자가의 고통이 의미하는 바가 없었다면 예수님이 십자가를 지셨을까? 아무리 예수님이라도 아무런 의미 없이 십자가를 지지는 않으셨을 것이다. 예수님이 겟세마네 동산에서 처음 기도하신 내용을 알고 있는가? 예수님도 십자가의 고난만큼은 피하고 싶으셨다. 예수님은 "내 아버지여 만일 할 만하시거든 이 잔을 내게서 지나가게 하옵소서"(마 26:39상)라고 기도하셨다. 그러나 십자가의 고통이 무엇을 의미하는지 잘 아셨기에 예수님은 당신의 기도를 "그러나 나의 원대로 마시옵고 아버지의 원대로 하옵소서"(마 26:39하)라고 바꾸셨다. 예수님은 하나님이 왜 당신을 이 땅에 보내어 십자가를 지게 하셨는지 그 의미를 잘 알고 계셨다. 때문에 비록 고통스러운 자리였지만 기꺼이 십자가에서 당신의 목숨을 드렸던 것이다. 그 결과 온 인류가 죄 사함을 받고 구원을 얻었을 뿐만 아니라, 이 땅에 하나님 나라가 시작되었다. 비록 우리는 예수님처럼 같은 고난을 받을 수 없으나, 고난이 왜 필요한지는 알아야 한다.

고난은 누구나 겪어 나가지만 그 의미를 찾은 이들은 많지 않다. 만일 지금 고난을 겪고 있다면 피하지 말고 기꺼이 그 고난을 겪어 내라. 그리고 그 고난의 의미를 찾아라. 요셉과 함께하셨던 하나님이 당신과도 함께하실 것이다. 특별히 고난이란 모든 문제가 해결되었다고 해서 끝나는 것이 아니다. 고난이란 그 의미를 발견해야 끝나는 것이다. 만일 고난의 의미를 발견하지 못한 채 고난의 상황이 종료되거나, 여전히 고난을 겪으면서도 그 의미를 발견하지 못한다면 엄밀히 말해서 그 고난에 잘 대처하는 것은 아니다. 고난은 그 의미를 발견할 때 그 사명을 다하는 것이다. 그러므로 고난을 대할 때 우리는 그 의미를 발견하는 데 최선을 다해야 한다. 만일 고난의 의미를 찾았다면, 아무리 큰 고난이라도 더 이상 우리에게 큰 영향을 미치지 못할 것이다. 고난이란 그 의미를 발견할 때 사라진다.

형들을 만난 요셉

"때에 요셉이 나라의 총리로서 그 땅 모든 백성에게 곡식을 팔더니 요셉의 형들이 와서 그 앞에서 땅에 엎드려 절하매 요셉이 보고 형들인 줄을 아나 모르는 체하고 엄한 소리로 그들에게 말하여 이르되 너희가 어디서 왔느냐 그들이 이르되 곡물을 사려고 가나안에서 왔나이다 요셉은 그의 형들을 알아보았으나 그들은 요셉을 알아보지 못하더라"(창 42:6-8).

드디어 요셉이 22년 만에 형들을 만났다. 얼마나 복잡한 감정이 일어났을까? 요셉은 형들을 보자마자 즉시 알아봤다. 어떻게 22년 만에 만나는 형들을 즉시 알아볼 수 있었을까? 그때 요셉의 나이가 대략 서른아홉쯤 되었으니 형들의 나이는 더 많았을 것이다. 그러나 아무리 사람이 나이가 든다 해도 옛적 모습은 남아 있기 마련이다. 또한 그들은 애굽 사람들과는 다른 복장을 하고 있었고, 생김새도 달랐다. 그리고 요셉의 손에는 그들이 입국할 때 표시해 둔 국적이 있었을 것이다. 이러한 상황 속에서 요셉은 자기 앞에 엎드린 사람들이 자기 형들이라는 사실을 알게 되었다.

막상 형들의 얼굴을 보니 어두웠던 과거의 기억들이 주마등처럼 지나가면서 복잡한 감정을 일으켰을 것이다. 어린 시절 함께 놀았던 형들의 모습이 떠올랐을 때는 기쁘고 반가운 감정이 일었겠지만, 채색옷을 벗겨 깊은 웅덩이에 던져 넣고는 등 돌린 채 도시락을 먹던 형들의 모습이 떠올랐을 때는 분노가 올라왔을 것이다. 그런데 성경은 요셉이 형들을 처음 보았을 때 '그들에 대하여 꾼 꿈을 생각했다'고 기록하고 있다.

"요셉이 그들에게 대하여 꾼 꿈을 생각하고 그들에게 이르되 너희는 정탐꾼들이라 이 나라의 틈을 엿보려고 왔느니라"(창 42:9).

요셉은 자신 앞에 와서 땅에 엎드려 절하는 형들의 모습을 보면서 자신이 꾸었던 꿈을 생각했다.

"우리가 밭에서 곡식 단을 묶더니 내 단은 일어서고 당신들의 단은 내 단을 둘러서서 절하더이다"(창 37:7).

22년 전에 꾸었던 꿈이 지금 그대로 성취되고 있음을 본다. 참으로 놀라운 일이다. 요셉은 자신 앞에 엎드려 절하는 형들을 보면서 자신이 왜 애굽에 노예로 팔려 와서 지금까지 살고 있는지 그 의미를 더욱 확실히 알게 되었다. 그렇다면 빨리 형들 앞에서 자신의 신분을 밝히고 그들과 화해해야 하는 것이 아닐까? 그러나 요셉의 생각은 달랐다. 그들을 용서하고 그들에게 하나님의 비전과 섭리를 설명하기 전에 먼저 해결해야 할 문제가 있었다. 형들과 온전히 화해하려면, 먼저 그들이 자신들이 저지른 죄를 깨닫고 회개해야 했다. 회개 없이는 바른 화해가 이루어질 수 없기 때문이다. 그래서 요셉은 형들을 간첩으로 몰아가기 시작했다.

4

느껴야
움직인다

형들을 만난 요셉은 자신의 신분과 감정을 철저히 감추고 형들을
거칠게 대하면서 그들이 자신들의 죄를 깨닫도록 회개의 과정으
로 인도한다. 여기서 가해자들이 죄를 깨닫게 하려면 그들이 저지
른 죄가 피해자에게 얼마나 큰 고통을 주었는지를 스스로 체험할
수 있는 기회를 주어야 한다. 그래야 하나님 앞에 자신의 죄를 토
설하게 된다. 때문에 요셉은 형들에게 자신들이 저지른 죄가 얼마
나 큰 고통을 주었는지를 직접 체험할 수 있는 시간을 준다. 그렇
다고 해서 요셉에게 "눈에는 눈으로, 이에는 이로"(레 24:20) 갚으려
는 의도는 전혀 없었다. 다만 바른 화해를 위해 잠시나마 자신들
이 행한 죄를 깨닫고 회개할 수 있도록 기회를 마련한 것이었다.

　이어령 교수가 쓴 《느껴야 움직인다》*라는 책에 나오는 내용
이다. 홀어머니를 모시고 사는 한 청년이 있었다. 취직을 하려고

---

　*　이어령, 《느껴야 움직인다》(시공미디어, 2007), pp. 10-21 참조.

했지만 면접 때마다 번번이 떨어졌다. 마지막 기회라고 생각했던 면접에서도 떨어지게 되자, 청년 실업자는 회장님을 붙잡고 읍소했다.

"늙으신 홀어머니를 모시고 삽니다. 한 번만 더 기회를 주세요."

뜻밖에도 회장님은 관심을 보이면서 이렇게 대답했다.

"노모가 계시다고? 그러면 발을 씻겨 드리고 내일 다시 오게."

집으로 돌아온 청년은 회장님의 요구대로 생전 처음 어머니의 발을 씻겨 드리려고 했다. 그 순간 어머니의 발에 박힌 굳은살을 보았다. 그것은 사람의 발이 아니었다. 거북이 등처럼 굳어진 발은 여기저기 갈라지고 발톱은 닳아 검게 오그라져 있었다.

'어머니가 나를 위해 가셨던 길들은 천 걸음인가, 만 걸음인가.'

아들을 위해 발바닥이 닳고 피멍이 들도록 걸어 온 사랑과 슬픔의 흔적들이었다. 청년은 펑펑 쏟아지는 눈물을 감출 수 없었다. 어머니의 발을 만져 보고서야 비로소 어머니의 마음을 만져 볼 수 있었다. 다음 날 회사로 다시 찾아간 청년은 회장님에게 인사를 했다.

"회장님, 감사합니다. 회장님은 저에게 어머니의 사랑이 어떤 것인지 온몸으로 깨닫게 해 주셨습니다."

면접도 마다하고 돌아서 나오려는 청년에게 회장님은 말했다.

"되었네. 내일부터 출근하게."

이 이야기는 일본의 한 기업 면접 시험에서 실제로 있었던 일이라고 한다. 회장님은 왜 청년을 채용했을까? 꼭 효자여서 그랬던 것만은 아니었던 것 같다. 몸으로 어머니의 사랑을 느낄 수 있는 사원이라면 고객의 마음도 느낄 수 있다고 판단했기 때문이다. 우리는 느껴야 행동하기 시작한다. 요셉도 형들로 하여금 느끼게 하고 싶었다. 자신들이 한 일이 얼마나 무서운 죄인가를 직접 느끼게 해 하나님 앞에 무릎 꿇게 하고 싶었다. 그 과정을 이제 시작하는 것이다.

요셉의 심문

"우리는 다 한 사람의 아들들로서 확실한 자들이니 당신의 종들은 정탐꾼이 아니니이다 요셉이 그들에게 이르되 아니라 너희가 이 나라의 틈을 엿보러 왔느니라 그들이 이르되 당신의 종 우리들은 열두 형제로서 가나안 땅 한 사람의 아들들이라 막내아들은 오늘 아버지와 함께 있고 또 하나는 없어졌나이다"(창 42:11-13).

형들의 변명

요셉이 형들을 정탐꾼으로 몰자 그들은 입을 열어 자신들은 모두 '한 사람의 아들들'이라고 말한다. 이 말은 '우리는 모두 한 아버지의 자식입니다'라는 뜻이다. 그들이 말한 것은 어느 정도 설득력이 있었다. 일반적으로 남의 나라를 정탐하러 온 정탐꾼들은 무리를 지어 다니지 않기 때문이다. 더구나 한 가족이 정탐꾼 노룻을 하지는 않을 것이다. 발각되어 모두 체포된다면 한 가문 자체가 사라지기 때문이다. 때문에 '한 사람의 아들들'이 정탐꾼이라는 것은 상식적으로 맞지 않는 말이었다. 따라서 요셉도 이에 대해 별다른 반응을 보이지 않았다. 하지만 그다음 말에 요셉은 관심을 가졌다. 그들은 요셉이 묻지도 않은 말을 입 밖으로 토해낸 것이다.

"우리는 열두 형제였는데, 막내아들은 오늘 아버지와 함께 있고, 또 하나는 없어졌나이다."

다급해지자 불쑥 나온 말이었을 것이다. 하지만 이 말속에는 그들이 행한 죄에 대한 반응이 들어 있었다.

여기서 막내아들 베냐민이 아버지와 함께 집에 있다는 말은 사실이지만, "하나는 없어졌나이다"라고 말한 것은 거짓말이었다. 불쑥 과거의 일을 꺼냈으나 진실을 말하지는 않았다. 그 '하나'란 바로 그들 앞에 서 있는 요셉이었다. 그들이 채색옷을 벗기고 구덩이에 던졌다가 애굽의 상인들에게 노예로 판 사람이 지금 앞에 서 있다. 그런데 그들은 이 사실을 모르는 채 과거의 일을 입 밖에 낸 것이다. 그 말을 듣는 요셉의 마음은 어떠했을까? 요셉은 아직도 그 일을 생생히 기억하고 있는데, 형들은 마치 과거에 있었던 일처럼 태연하게 말하고 있다.

이것이 바로 '범죄의 심리'다. 인간은 죄를 짓고 나면 그것을 인정하지 않는 경향이 있다. 체면을 지키거나 자기를 보호하려는 의도다. 사람의 내면에는 깊숙한 방이 하나씩 있는데, 죄를 짓고 나면 모든 것을 그 무의식의 깊숙한 방에 던져 넣고는 문을 닫아 잠근다고 한다. 자신이 행한 죄를 애써 잊으려는 노력이다. 문제는 무의식 안에 이러한 방들이 하나씩 늘어나기 시작하면서 우리 영혼이 죄에 묶이기 시작한다는 사실이다. 빈 들처럼 메마르고 황량한 영혼으로 변해 가는 것이다.

옥에 갇히는 요셉의 형들

요셉의 형들은 바로 이런 영적 상태에 있었다. 그들은 과거의 죄에 대해 회개하는 것이 아니라, 문을 잠그고 숨기려고 했다. 때문에 요셉의 심문은 더 깊어졌다.

"요셉이 그들에게 이르되 내가 너희에게 이르기를 너희는 정탐꾼들이라 한 말이 이것이니라 너희는 이같이 하여 너희 진실함을 증명할 것이라 바로의 생명으로 맹세하노니 너희 막내아우가 여기 오지 아니하면 너희가 여기서 나가지 못하리라 너희 중 하나를 보내어 너희 아우를 데려오게 하고 너희는 갇히어 있으라 내가 너희의 말을 시험하여 너희 중에 진실이 있는지 보리라 바로의 생명으로 맹세하노니 그리하지 아니하면 너희는 과연 정탐꾼이니라 하고 그들을 다 함께 삼 일을 가두었더라"(창 42:14-17).

요셉은 형들이 한 말을 그대로 되받아서 "내 말이 바로 그 말이다"라고 말한 다음에, 한 아버지의 아들들이라 말했으니 그것을 증명하라고 다그친다. 즉, '너희가 한 아버지의 아들들로서 본래 열두 명이었는데 한 명은 없어지고 막내는 아버지와 함께 있다고 했으니, 그 막내를 데리고 와서 그것을 증명하라'는 것이었다. 이를 위한 구체적인 방법도 제시한다. 열 명 중에 아홉 명은 옥에 있고, 오직 한 명만 다시 집으로 돌아가 막내를 데리고 오라는 것이었다. 만일 그렇게 하지 않으면 그들은 다 정탐꾼일 수밖에 없다는 것이다. 요셉은 이런 말을 한 후에 그들을 3일 동안 옥에 가둔다.

요셉이 형들을 심문하는 이유는 그들을 과거의 죄와 대면시키기 위한 것이었다. 그들은 요셉을 애굽의 상인에게 노예로 판 사건을 이미 공공연한 비밀로 묻어 두고 이에 대해서는 함구하고 있었다. 그들은 지난 22년 동안 아버지 야곱 앞에서도 이 비밀을 지켰으며, 형제간에도 마치 묵언의 맹세를 한 것처럼 행했다. 하지만 형들이 온전히 회개하려면 그들 가슴속에 묻어 두었던 이 비밀의 방이 열려야 했다. 그들이 행한 죄를 다시 수면 위로 드러내야 했다. 요셉이 형들을 3일 동안 옥에 가둔 것은 바로 이 때문이었다. 그들이 과거에 행한 죄를 가지고 서로 대화할 시간을 준 것이었다.

그러나 요셉이 3일 동안 곰곰이 생각해 보니 집에서 굶고 있는 아버지와 가족들이 걱정되었다. 만일 아홉 명이 남고 단 한 사람만 보낸다면, 그가 가지고 갈 식량은 턱없이 부족할 것이었다. 이에 요셉은 마음을 바꿔 한 명만 옥에 남겨 두고 아홉 명을 고향으로 돌려보내고자 했다.

"너희가 확실한 자들이면 너희 형제 중 한 사람만 그 옥에 갇히게 하고 너희는 곡식을 가지고 가서 너희 집안의 굶주림을 구하고 너희 막내아우를 내게로 데리고 오라 그러면 너희 말이 진실함이 되고 너희가 죽지 아니하리라"(창 42:19-20).

터져 나온 과거의 일

그러자 굳게 닫혔던 비밀의 방이 열리기 시작했다. 그들은 다시 그때의 일을 회상하면서 서로에게 책임을 전가하기 시작했다.

"그들이 서로 말하되 우리가 아우의 일로 말미암아 범죄하였도다 그가 우리에게 애걸할 때에 그 마음의 괴로움을 보고도 듣지 아니하였으므로 이 괴로움이 우리에게 임하도다 르우벤이 그들에게 대답하여 이르되 내가 너희에게 그 아이에 대하여 죄를 짓지 말라고 하지 아니하였더냐 그래도 너희가 듣지 아니하였느니라 그러므로 그의 핏값을 치르게 되었도다 하니 그들 사이에 통역을 세웠으므로 그들은 요셉이 듣는 줄을 알지 못하였더라"(창 42:21-23).

르우벤의 항변

이제 한 명이 남아야 한다. 누가 남을 것인가? 도대체 누가 낯선 땅, 그것도 옥에 갇혀 남겨져야 한단 말인가? 요셉의 말을 들은 형들은 술렁이기 시작했다. 다시 과거의 일을 회상하지 않을 수 없었다. 누구의 책임이 큰지를 가려서 그를 옥에 남겨 두려는 속 셈이었다. 요셉의 제안은 이래저래 형제들을 궁지에 몰아넣었다. 그들은 난감한 얼굴로 서로의 얼굴을 쳐다볼 뿐이었다. 그러자 이 때, 가장 먼저 입을 연 사람은 맏아들 르우벤이었다. 그는 요셉을 형제들의 손에서 구하여 다시 아버지에게로 돌려보내려고 노력 했었다.

"우리가 그의 생명은 해치지 말자 … 피를 흘리지 말라 그를 광야 그 구덩이에 던지고 손을 그에게 대지 말라"(창 37:21-22).

르우벤 덕에 요셉은 생명을 구했다. 그런데 르우벤이 잠깐 자 리를 비운 사이에 유다가 중심이 되어서 요셉을 애굽의 상인들에 게 판 것이었다. 르우벤은 동생들이 자기의 말을 듣지 않았기에 오늘날과 같은 일이 벌어졌다고 생각했다.

"그러므로 그의 핏값을 치르게 되었도다"(창 42:22).

하지만 르우벤에게도 책임이 있었다. 만약 르우벤이 요셉을 살 리고 싶었다면, 동생들이 요셉을 시기하고 질투하여 죽이려 했던 마음을 더 강하게 꾸짖고 엄히 다스렸어야 했다. 만일 그렇게 했 다면 그가 자리를 잠시 비웠더라도 요셉이 애굽의 상인들에게 노예로 팔려 가지는 않았을 것이다. 그러나 르우벤은 요셉을 죽이는 대신 구덩이에 던져 넣게 한 후에 자리를 비웠다. 그때 유다의 말을 들었던 다른 형제들이 요셉을 애굽의 상인에게 넘긴 것이다. 그러므로 르우벤도 이 일에 대해서는 자유롭지 못했다. 그들은 이렇게 서로의 잘잘못을 따지고 있었다.

이때 요셉의 형들은 자기들끼리 수군거리는 소리를 애굽의 총리인 요셉이 듣고 있으리라고는 상상도 하지 못했다. 요셉은 항상 통역관을 통해서 그들과 대화했기 때문이다. 요셉은 형들의 대화를 다 듣고 있었다. 이제 요셉은 그때 누가 주동이 되어서 자신을 애굽의 노예로 팔게 되었는지, 그 사건의 전말을 어느 정도 파악할 수 있게 되었다. 그러자 그의 감정이 다시 올라오기 시작했다. 요셉은 급하게 그들을 떠나 빈 곳에 들어가 혼자 울고 다시 돌아왔다. 그리고 요셉은 형제 중에서 시므온을 남겨 둔 채 다른 형들은 집에 돌려보내기로 했다.

"요셉이 그들을 떠나가서 울고 다시 돌아와서 그들과 말하다가 그들 중에서 시므온을 끌어내어 그들의 눈 앞에서 결박하고 명하여 곡물을 그 그릇에 채우게 하고 각 사람의 돈은 그의 자루에 도로 넣게 하고 또 길 양식을 그들에게 주게 하니 그대로 행하였더라"(창 42:24-25).

우리는 요셉의 마음을 이해할 수 있다. 얼마나 이 순간을 기다렸는가? 얼마나 듣고 싶은 말이었는가? 그의 눈물은 자식을 꾸짖고 뒤로 돌아서서 눈물짓는 어머니의 눈물과 같았다. 사실 요셉은 당장이라도 자신의 정체를 밝히고 형들을 용서해 주고 싶었을 것이다. 하지만 그는 감정을 숨기고, 형들과 온전한 화해가 이루어지도록 계속해서 그들을 다음 과정으로 인도한다. 화해란 서로 진심이 통할 때 이루어지는 것이다. 형들과 화해하려면 그들의 마음이 더 열려야 했다.

홀로 남겨진 시므온

왜 요셉은 열 명 중에서 시므온을 남겼을까? 이에 대해서는 여러 가지 견해가 있다. 요셉이 가장 원망했던 형은 맏형 르우벤이었을 것이다. 르우벤은 맏형으로서 아버지를 대신해야 할 사람이었기 때문이다. 하지만 르우벤이 다른 형제들에게 한 말을 들어 보니, 그는 나름의 노력을 한 것이었다. 때문에 요셉은 르우벤을 원망하던 마음을 내려놓았다. 그러면 왜 둘째 형이었던 시므온을 결박했을까? 르우벤 다음이었기 때문일까? 아니다. 요셉은 형들과 함께 살면서 열 명 중에서 시므온이 가장 폭력적이고 난폭한 형임을 잘 알고 있었다. 실제로 시므온은 여동생 디나가 세겜 군주의 아들에게 성폭행을 당했을 때, 그들에게 할례를 받게 한 후 레위와 함께 그들의 성읍을 기습하여 모든 남자를 죽이고, "칼로 하몰과 그의 아들 세겜을 죽이고 디나를 세겜의 집에서" 데려왔었다(창 34:25-26 참조). 그만큼 형제 중에서 시므온이 가장 잔인하고 야비했다. 때문에 요셉은 자신을 애굽의 노예로 팔 때 시므온이 적극적으로 개입했을 것이라 생각했을 것이다. 그런 까닭에 요셉은 시므온을 인질로 남겨서 자신을 성찰할 시간을 준 것이다.

이때 다른 형들은 무슨 생각을 했을까? 사실 요셉을 애굽의 상인에게 팔자고 했던 사람은 유다였다. 그러나 유다가 이런 제안을 한 것은 요셉의 생명을 구하기 위함이었다. 그렇다면 누가 요셉을 죽이자고 제일 처음 제안을 하고 그것을 행동에 옮겼을까? 생각해 보면 가장 난폭했던 시므온일 가능성이 제일 컸다. 요셉이 시므온을 결박한 것도 바로 그 때문이었을 것이다. 그런데 이를 본 형제들은 많이 놀랐을 것이다. 왜냐하면 자기들의 판단과 요셉의 판단이 일치했기 때문이다. 때문에 그들은 요셉을 보면서 놀라지 않을 수 없었을 것이다.

'저 사람이 누구이기에 이런 판단을 하는 것인가?'

그들은 요셉의 지혜에 다시 한번 놀라며 두려워했을 것이다.

그러나 그들은 그때만 해도 요셉이 왜 이런 일을 하는지 이해하지 못했다. 그들은 요셉을 잔인한 사람, 피도 눈물도 없는 냉혹한 사람이라고 생각했을 것이다. 하지만 형들에게 앙갚음을 하려는 의도는 전혀 없었다. 아니, 그럴 필요가 없었다. 요셉은 이미 맏아들의 이름을 므낫세라 지으면서 하나님의 섭리를 알게 되었다. 때문에 그때 요셉은 이미 형들을 용서했을 것이다. 물론 형들을 실제로 만난 후에는 복잡한 감정이 들었을 것이다. 하지만 요셉은 하나님의 섭리를 발견했기에 그들을 용서할 수 있었을 것이다. 그러나 형들과 온전히 화해하려면 회개의 과정이 필요했기에 시므온을 결박하고 다른 형들을 집에 돌려보내기로 결정한 것이다.

죄를 깊이 회개하라

우리는 요셉에게서 죄를 대하는 영적인 원리를 배운다. 요셉이 형들을 쉽게 용서하지 않고 죄를 대면시켜 스스로 느낄 수 있는 시간을 준 것은 죄의 특성 때문이다. 우리가 죄를 회개하되 깊게 하지 않으면 죄의 영향력이 남아서 다시 우리로 하여금 다른 죄를 짓게 만든다. 때문에 회개를 할 때는 적당히 해서는 안 된다. 죄의 영향력이 살아나지 않도록 깊이 회개해야 한다.

청교도 신학자 존 오웬(John Owen)에 따르면, 회개하지 않은 죄는 우리 안에서 반감을 일으킨다고 한다. 여기서 반감이란 자기중심성에서 나오는 부정적인 감정으로서 자기만족이 이루어지지 않으면 모든 것을 비판하고 불평하는 감정이다.

"이는 내 마음에 그들을 싫어하였고 그들의 마음에도 나를 미워하였음이라"(슥 11:8).

죄는 우리 안에서 하나님에 대해서나 교회에 대해서, 또는 영적인 일에 대해서 반감을 만들어 낸다. 그리스도인으로 하여금 영적인 생활에 늘 불만을 갖게 만든다. 사람들은 죄의 특성인 반감에 지배당하고 있다는 사실조차도 모른 채 교회에 불만을 늘어놓기도 한다. 그런데 특별한 동기가 없음에도 예배가 싫어지고 기도하기가 싫어진다면, 우리는 자신 안에서 역사하고 있는 것이 성령인지, 죄인지 살펴볼 필요가 있다. 이런 노력은 우리 안에 영성을 형성하는 데 큰 도움이 된다. 반감은 하나님과 교회 그리고 영적인 일을 싫어하게 한다.

또 온전히 회개하지 않은 죄는 하나님을 대적하게 한다. 성령과 맞서 싸우게 한다.

"육체의 소욕은 성령을 거스르고 성령은 육체를 거스르나니 이 둘이 서로 대적함으로 너희가 원하는 것을 하지 못하게 하려 함이니라"(갈 5:17).

죄는 '육체의 소욕', 즉 '육체의 욕망'이라 불린다. 이것은 성령을 거스르는 대신 육체의 욕망을 따르게 한다. 때문에 죄가 남아있을 때는 하나님과의 교제를 방해한다.

죄를 깊이 회개한 사람은 하나님과의 관계가 향상되어 더 귀한 은혜를 누리게 되지만, 적당히 회개한 사람은 반감과 대적하려는 마음 때문에 순종하며 살지 못한다. 내면에 그리스도의 형상을 제대로 새길 수 없다. 그러므로 죄가 있다면 온전히 회개해야 한다. 그러나 불행하게도 많은 그리스도인이 회개의 중요성을 깨닫지 못한 채 과거의 죄를 잠시 뉘우치는 것으로 만족한다. 이 것은 죄를 대하는 옳은 방식이 아니다. 우리는 죄를 "피 흘리기까지"(히 12:4) 철저하게 회개해야 한다. 그래서 우리의 내면에 하나님에 대한 반감과 대적하려는 마음이 남아 있지 않게 해야 한다.

자신을 십자가 앞에 세우라. 요셉의 시대에는 아직 십자가의 은혜가 무엇인지를 잘 몰랐다. 때문에 하나님은 요셉에게 지혜를 주셔서 형들을 죄와 대면시키기 위해 많은 노력을 하고 계시다. 그러나 우리는 언제든지 십자가 앞에서 죄를 회개할 수 있다.

"만일 우리가 우리 죄를 자백하면 그는 미쁘시고 의로우사 우리 죄를 사하시며 우리를 모든 불의에서 깨끗하게 하실 것이요 만일 우리가 범죄하지 아니하였다 하면 하나님을 거짓말하는 이로 만드는 것이니 또한 그의 말씀이 우리 속에 있지 아니하니라"(요일 1:9-10).

자신을 십자가 앞에 세우고 죄를 깊이 회개하자. 그래서 하나님과의 온전한 교제가 이루어지도록 힘쓰자. 요셉은 형들이 죄를 대면하고 느낄 수 있도록 그들을 지혜롭게 인도하고 있다. '느껴야 움직인다.' 요셉은 무뎌진 형들의 내면을 깨우기 위해 많은 일을 계획한다.

5

깊어지는
형들의 회심

시므온을 결박하여 옥에 남겨 둔 요셉은 형들에게 곡물을 충분히 주고 가져온 돈도 자루 속에 넣어서 고향으로 돌려보냈다. 집으로 돌아가면서 먹어야 할 양식도 별도로 준비해 주었다. 드디어 시므온을 남겨 둔 채 형들이 고향을 향해 떠났다.

"명하여 곡물을 그 그릇에 채우게 하고 각 사람의 돈은 그의 자루에 도로 넣게 하고 또 길 양식을 그들에게 주게 하니 그대로 행하였더라 그들이 곡식을 나귀에 싣고 그곳을 떠났더니 한 사람이 여관에서 나귀에게 먹이를 주려고 자루를 풀고 본즉 그 돈이 자루 아귀에 있는지라 그가 그 형제에게 말하되 내 돈을 도로 넣었도다 보라 자루 속에 있도다 이에 그들이 혼이 나서 떨며 서로 돌아보며 말하되 하나님이 어찌하여 이런 일을 우리에게 행하셨는가 하고"(창 42:25-28).

회개하기 시작하는 형제들

시므온을 혼자 남겨 두고 떠나는 그들의 마음이 어떠했을까? 그들은 무거운 마음이었을 것이다. 하지만 양식이 없어 굶고 있는 아버지와 자녀들을 생각하면 한시도 지체할 수 없었다. 얼마쯤 가다가 그들이 한 여관에 들어가 하룻밤을 지내게 되었다. 나귀에게 먹이를 주려고 자루를 풀어 보니, 거기에는 자신들이 낸 돈이 그대로 들어 있었다. 그들은 너무 놀라고 두려워 서로를 보며 떨기 시작했다. 이것은 자신들을 정탐꾼으로 몰던 애굽의 총리가 꾸민 일처럼 보였기 때문이다.

식량 자루에서 발견된 돈

왜 요셉은 그들이 가지고 온 곡식값을 도로 자루에 넣었을까? 언뜻 보면 요셉이 형들의 정직성을 시험하려는 의도로 보인다. 그런데 계속되는 이야기를 보면 요셉이 자루에 넣었던 돈으로 어떤 시험을 하지는 않았다. 후에 형들이 식량값을 다시 지불하려고 하자 요셉은 이미 그 값을 받았다고 말한다.

"그가 이르되 너희는 안심하라 두려워하지 말라 너희 하나님, 너희 아버지의 하나님이 재물을 너희 자루에 넣어 너희에게 주신 것이니라 너희 돈은 내가 이미 받았느니라"(창 43:23).

"내가 이미 받았느니라"라는 요셉의 말은 맞는 말이었다. 왜냐하면 형들이 가져온 곡식값은 그들이 식량을 사려고 접수할 때 이미 받았기 때문이다. 일단 돈을 내고 접수를 한 후에야 요셉을 볼 수 있었다. 그러면서 그 돈은 "너희 아버지의 하나님이 자루에 넣으셨다"라고 말한다. 이는 요셉이 형제들을 사랑했기에 한 말이었다. 오랜만에 형제들을 보자 진한 형제애가 복받쳐 올라왔었다. 그러나 그 감정을 표현할 수 없었던 요셉은 돈을 다시 자루에 넣어 줌으로써 형들에 대한 애정을 표현한 것이었다.

하지만 그 돈은 형들이 회심하는 데 중요한 역할을 했다. 형들이 돈을 발견했을 때 어떤 반응을 보였는가? 그들은 너무 놀라 떨면서 "하나님이 어찌하여 이런 일을 우리에게 행하셨는가"(창 42:28) 하고 말한다. 왜 이 일에 하나님을 생각했을까? 왜 하나님이 이런 일을 하고 계신다고 생각했을까? 그것은 요셉이 자루 속에 넣어 준 돈을 보자, 자신들이 요셉을 팔고 받았던 은 스무 개가 생각났기 때문이다. 그들은 시므온이 감옥에 갇힌 것을 보면서도 이미 놀랐는데, 이번에는 자루에서 돈을 발견하자 하나님께서 자신들의 죄를 벌하기 위해 일하고 계심을 느낀 것이다. 자신들이 저지른 죄에 대한 하나님의 징계가 시작되고 있음을 지각하기 시작한 것이다. 여기서 그들이 하나님의 이름을 거론하기 시작한 것은 드디어 그들의 죄를 보는 영적 눈이 떠지기 시작했음을 뜻한다. 그들은 22년 전에 요셉을 판 죄를 진정으로 회개한 적이 없었다. 아니, 그 모든 사실을 비밀로 숨겨 왔으며, 형제들 간에도 그 일에 대해서는 함구하는 분위기였다. 그런데 이제 서서히 죄에 대해 영적인 지각을 갖게 된 것이다.

하나님을 의식하게 됨

물론 그들은 요셉의 신하들이 곡식을 자루에 담다가 착각해서 돈까지 넣었다고 생각할 수도 있었을 것이다. 하지만 그들은 단 한 사람도 그렇게 생각하지 않았다. 그들은 돈을 보는 순간 요셉의 일이 떠올라 "하나님이 어찌하여 이런 일을 우리에게 행하셨는가" 하며 탄식했다. 이것이 바로 회개의 시작이다. 회개란 하나님의 관점으로 자신이 한 일을 보기 시작하는 것이다. 요셉의 형들도 이제는 요셉처럼 하나님을 인식하고 자신들이 행한 죄를 하나님 앞에서 고백하고 있다. 요셉이 자루 속에 넣었던 돈은 비록 요셉이 의도하지는 않았지만, 형들이 회개하는 데 중요한 역할을 한 것이다.

다윗도 밧세바와 간음을 한 후에 그의 남편 우리아를 전방에 내보내 죽게 한 일이 있었다. 그럼에도 다윗은 회개할 줄을 몰랐다. 그러자 하나님은 나단 선지자를 보내어 다윗으로 하여금 회개하게 하셨다. 그때 다윗은 "내가 주께만 범죄하여 주의 목전에 악을 행하였사오니"(시 51:4)라고 고백한다. 다윗이 저지른 범죄는 밧세바의 가정을 무너뜨린 중한 범죄였다. 그는 밧세바만이 아니라 우리아와 관련이 있는 모든 사람에게 용서를 구해야 했다. 그런데 다윗은 자신이 행한 죄를 '내가 주께만 범죄했다'고 고백하고 있다. 이는 다윗이 밧세바와 그의 가족들에게 죄를 지었음을 부인하는 것이 아니라, 자신이 지은 모든 죄를 하나님의 관점으로 보기 시작했음을 말하는 것이다. 다윗이 큰 죄를 짓고도 회개하지 않았던 것은 사람들만 생각했기 때문이다. 다윗은 왕이었고, 모든 사람은 그의 말에 순종해야 하는 백성이요, 신하였다. 따라서 그는 우리아를 죽이고 그의 아내 밧세바를 빼앗았음에도 불구하고 회개하지 않았다. 자신은 왕이었기에 그 정도는 언제든지 할 수 있는 일이라 생각했던 것이다. 나단이 나타나 그를 규탄할 때에야 하나님의 관점으로 자신이 행한 일을 보면서 그것이 죄임을 깨닫고 회개한 것이다.

요셉의 형제들도 비슷한 상황이었을 것이다. 그들은 늘 채색옷만 입고 다니며 아버지 야곱의 사랑을 독차지한 요셉을 시기하고 질투했다. 그가 꿈 이야기를 할 때는 죽이고 싶도록 요셉이 미웠다. 같은 아들임에도 불구하고 그는 늘 사랑만 받는데, 자신들은 늘 고생하고 있다고 생각했기 때문이다. 그로부터 받은 상처를 생각하면, 자신들이 요셉을 애굽의 종으로 판 것은 할 일을 한 것일 뿐이라고 생각했다. 때문에 그들은 회개하지 않은 채 당연한 결과라고 합리화하면서 살았다. 그런데 애굽에 와서 요셉을 만난 후부터 자신들이 한 일이 얼마나 큰 죄였는가를 하나님의 관점으로 보기 시작했다. 이제야 마음도 열리고 영적인 눈도 열리기 시작한 것이다. 이것이 바로 회개의 시작이고, 요셉과 화해할 수 있는 출발이었다.

고향에 돌아간 형제들

"그들이 가나안 땅에 돌아와 그들의 아버지 야곱에게 이르러 그들이 당한 일을 자세히 알리어 아뢰되 그 땅의 주인인 그 사람이 엄하게 우리에게 말씀하고 우리를 그 땅에 대한 정탐꾼으로 여기기로 우리가 그에게 이르되 우리는 확실한 자들이요 정탐꾼이 아니니이다 우리는 한 아버지의 아들 열두 형제로서 하나는 없어지고 막내는 오늘 우리 아버지와 함께 가나안 땅에 있나이다 하였더니 그 땅의 주인인 그 사람이 우리에게 이르되 내가 이같이 하여 너희가 확실한 자들임을 알리니 너희 형제 중의 하나를 내게 두고 양식을 가지고 가서 너희 집안의 굶주림을 구하고 너희 막내아우를 내게로 데려오라 그러면 너희가 정탐꾼이 아니요 확실한 자들임을 내가 알고 너희 형제를 너희에게 돌리리니 너희가 이 나라에서 무역하리라 하더이다 하고"(창 42:29-34).

요셉의 형들은 가나안 집에 돌아오자마자 '즉시' 그동안 있었던 일을 아버지께 말씀드리지 않을 수 없었다. 왜냐하면 야곱이 함께 오지 않은 시므온을 궁금하게 생각했기 때문이다. 그렇지만 있는 그대로 다 말한 것이 아니라, 편집해서 말하고 싶은 것만 아버지 야곱에게 말했다. 그 핵심은 베냐민을 애굽으로 데려가지 않으면 시므온뿐 아니라 자신들도 살아남지 못할 것이라는 내용이었다. 그러고는 가져온 곡식 자루를 풀어 쏟았다.

쏟아진 진실

"각기 자루를 쏟고 본즉 각 사람의 돈뭉치가 그 자루 속에 있는지라 그들과 그들의 아버지가 돈뭉치를 보고 다 두려워하더니 그들의 아버지 야곱이 그들에게 이르되 너희가 나에게 내 자식들을 잃게 하도다 요셉도 없어졌고 시므온도 없어졌거늘 베냐민을 또 빼앗아 가고자 하니 이는 다 나를 해롭게 함이로다"(창 42:35-36).

요셉의 형들은 애굽에서 겪었던 일들을 미화시켜 마치 무용담처럼 자랑스럽게 아버지 야곱에게 말하고는 그 결과를 보여 주려고 식량 자루를 열어 쏟았다. 그런데 그 자루에서 쏟아진 것은 숨겨진 진실이었다. 생각지도 않게 여관에서 나왔던 돈뭉치가 나온 것이다. 요셉은 한 자루에만 돈을 넣은 것이 아니라 모든 자루에 다 넣었다. 따라서 형제들이 가져온 곡식 자루를 열고 쏟을 때마다 각 자루에서 돈뭉치도 함께 나왔다. 여기서 '뭉치'에 해당하는 '체로르'는 '주머니', '꾸러미'라는 뜻이다. 즉 곡물값으로 계산한 은이 낱개가 아니라 하나의 꾸러미로 나온 것이다.

그것을 보자 야곱의 마음은 기쁨과 안도에서 큰 두려움으로 확 바뀌었다. 식량값으로 지불했어야 하는 돈이 그대로 나왔기 때문이다. 그는 아들들이 또 어떤 악행을 저질렀을 가능성을 생각했다. 그는 아들들을 충분히 믿지 못했다. 그들은 세겜에서도 악행을 저질렀으며, 요셉을 통해서도 그들이 저질렀던 악행을 듣고 있었기 때문이다. 오랜 세월이 흘렀지만 야곱의 불신은 해결되지 않았다. 이때 야곱이 의심했던 것은 무엇일까? 그것은 함께 오지 않은 시므온과 관련된 것이었다. 야곱은 돌아오지 않은 시므온을 이미 죽은 것으로 판단하고, "너희가 나에게 내 자식들을 잃게 하도다 요셉도 없어졌고 시므온도 없어졌거늘"이라고 말한다. 그는 이들이 가져온 돈을 시므온의 목숨값이라 생각한 것이다. 야곱은 베냐민만은 절대로 애굽에 보내지 않겠다고 단언한다.

진실을 덮어 버린 르우벤

"르우벤이 그의 아버지에게 말하여 이르되 내가 그를 아버지께로 데리고 오지 아니하거든 내 두 아들을 죽이소서 그를 내 손에 맡기소서 내가 그를 아버지께로 데리고 돌아오리이다 야곱이 이르되 내 아들은 너희와 함께 내려가지 못하리니 그의 형은 죽고 그만 남았음이라 만일 너희가 가는 길에서 재난이 그에게 미치면 너희가 내 흰머리를 슬퍼하며 스올로 내려가게 함이 되리라"
(창 42:37-38).

그러자 장자 르우벤이 나서서 이 문제를 진화하려고 한다. 르우벤의 제안은 상식을 벗어난 것이었다. 만일 그의 아내와 두 아들이 그 말을 들었다면 얼마나 경악했을까? 경악하기는 야곱도 마찬가지였을 것이다. 만에 하나 베냐민이 애굽으로 내려갔다가 돌아오지 않는다고 생각해 보자. 그렇다고 해서 할아버지인 자신이 손주들을 죽일 수 있단 말인가? 물론 르우벤의 말은 기필코 베냐민을 다시 데려오겠다는 의미였을 것이다. 고대 근동 사회에서 자기 아들을 내어 주겠다는 말은 자신의 생명을 바치겠다는 의지로 받아들였다. 하지만 르우벤의 말은 야곱을 설득하지 못했다. 진실이 빠져 있었기 때문이다. 이 사건의 진실은 무엇인가? 그것은 형제들이 은 스무 개를 받고 요셉을 애굽에 종으로 팔았다는 것이다. 그들이 범한 죄로 인해 이 모든 일이 발생한 것이었다. 그렇다면 아버지 야곱에게 지금이라도 사실을 말하고 용서를 구해야 하는 것이 아닐까? 하지만 르우벤은 끝내 진실을 말하지 않고, 조잡한 영웅주의를 내세워 사건의 진실을 덮어 버리고 만다.

진실이 드러나지 않을 때는 그 누구의 마음도 움직이기 어렵다. 왜일까? 자기 자신부터 마음이 움직이지 않기 때문이다. 자신을 감동시킬 수 없는 말로 다른 사람을 감동시킬 수는 없다. 르우벤의 말을 들은 야곱은 단번에 거부한다.

"내 아들은 너희와 함께 내려가지 못하리니 그의 형은 죽고 그만 남았음이라"(창 42:38).

야곱이 '그만 남았다'고 말한 것은, 그 누구도 막내아들 베냐민을 대신할 수 없다는 의미를 담고 있다. 애굽에 갇혀 있는 시므온이 희생된다 하더라도, 더 이상 식량을 구하지 못해 모두가 굶어

죽는다 하더라도 결코 베냐민을 보낼 수 없다고 말하는 것이다. 야곱은 그만큼 요셉의 동생 베냐민을 사랑했다.

그런데 야곱이 이렇게까지 베냐민에게 애착하는 데는 이유가 있었다. 야곱의 생애를 살펴보면, 야곱이 특별한 애정을 기울인 사람은 모두 그의 곁을 떠났다. 어머니 리브가는 그가 고향을 떠난 후에 죽었고, 아내 라헬은 귀향길에서 베냐민을 출산하다가 죽었고, 아들 요셉은 짐승에게 찢겨 죽은 것으로 알고 있었다. 그런데 이제는 베냐민까지 떠나보내야 한다니, 이것은 야곱을 대단히 불안하게 만들었다. 때문에 야곱은 "내 아들은 너희와 함께 내려가지 못하리니"라고 소리친다. 그리고 만일 재난이 베냐민에게 미치면 "너희가 내 흰머리를 슬퍼하며 스올로 내려가게 함이 되리라"라고 더한다. 여기서 '흰머리'는 '노인'을 뜻하는 상징적 표현이고, '슬퍼하며 스올로 내려간다'는 말은 '한 많은 죽음'을 표현한 말이다. 이는 베냐민이 죽으면 자신이 편히 눈을 감지 못하고 죽을 것이라는 말이다. 공동번역은 이 부분을 "너희들은 이 늙은 것이 백발이 성성해 가지고 슬퍼하며 지하로 내려가는 꼴을 보고 싶으냐?"라고 생동감 있게 표현하고 있다.

하나님의 섭리를 알지 못할 때

우리는 이 장의 내용을 통해, 하나님의 섭리를 깨닫는 자와 깨달지 못한 자 사이에는 얼마나 많은 차이가 있는지를 볼 수 있다. 요셉을 보라. 요셉은 하나님의 섭리를 깨달았기에 감정을 숨기고 형들을 회개할 수 있도록 인도해 가고 있다. 반면에 하나님의 섭리를 전혀 깨닫지 못한 요셉의 형들은 진실을 덮으려고만 하고 있다. 이것이 하나님의 섭리를 깨달은 자와 그렇지 못한 자의 차이일 것이다.

진실을 숨기기에 급급하다

먼저 요셉의 형들을 보자. 그들이 계속해서 하는 일이 무엇인가? 자신들이 행한 죄를 덮는 일이었다. 그들은 자신들이 애굽에서 경험한 일조차 각색하기 시작했다. 그들은 자신들의 죄가 드러나지 않는 선에서만 아버지에게 보고하면서, 어떻게 해서든지 베냐민을 애굽으로 데려가려는 의도를 숨기지 않았다. 그들이 야곱에게 한 보고에는 자신들이 범한 죄에 대한 고백이 없다. 때문에 상황이 점점 복잡해진다. 우리가 하나님의 섭리를 알지 못할 때는 두려움에 빠지기 쉽다. 본문 28절에 보면 요셉의 형들은 여관에서 곡식 자루에 돈이 들어 있는 것을 보고 두려움에 떨면서 "하나님이 어찌하여 이런 일을 우리에게 행하셨는가" 하며 탄식한 바가 있다. 그런데 집에 돌아와서는 아버지 야곱이 사건의 진실을 알게 될까 봐 두려워하고 있음을 본다. 진실을 말하지 못한 채 자꾸 방법을 찾기 시작하는 것이다. 그러나 진실 없이 방법을 찾으면 찾을수록 상황은 더욱 꼬이고 악화된다.

또한 하나님의 섭리를 모르는 사람들은 매사를 원망한다. 야곱도 지금 하나님이 하시는 일을 보지 못하고 원망만 하고 있다.

"너희가 나에게 내 자식들을 잃게 하도다 요셉도 없어졌고 시므온도 없어졌거늘 베냐민을 또 빼앗아 가고자 하니"(창 42:36).

물론 야곱은 요셉이 "해와 달과 열한 별이 내게 절하더이다"(창 37:9)라고 꿈 이야기를 했을 때, 겉으로는 요셉을 꾸짖었지만 그는 '그 말을 간직해 두었다'(창 37:11 참조). 야곱에게는 어렴풋이 하나님이 요셉을 통해 큰일을 이루실 것이라는 믿음이 있었다. 하지만 요셉의 형들이 짐승의 피가 묻은 채색옷을 야곱에게 보였을 때, 야곱은 요셉이 죽었다고 생각하게 되면서 그 믿음과 희망이 부서져 버렸다. 그러니 하나님의 섭리를 생각할 수 없었던 것이다. 하나님의 섭리를 모르는 야곱에게서 나오는 것은 전부 자기 아들들을 원망하는 말뿐이다. 하나님의 섭리를 깨닫지 못하는 자들은 감사하지 못한다. 하나님께 영광과 찬송도 올리지 못한다.

인생이 점점 어두워지는 것은 하나님의 섭리를 알지 못하기 때문이다. 그러므로 우리 그리스도인들은 하나님의 섭리를 깨달을 수 있도록 늘 영적인 지혜를 구해야 한다. 내면에 영성을 형성할 때 하나님의 음성을 듣거나 뜻을 분별하는 일은 대단히 중요하다. 이를 위해 기도해야 한다. 이를 위해 힘써야 한다. 말씀을 묵상하며 기도 생활에 힘을 쏟음으로 분별력을 얻어야 한다.

6

결단해야 할 때가 있다

애굽에서 가져온 식량 자루에서 돈다발이 나옴으로써 마음이 상한 야곱은 오랫동안 베냐민을 애굽에 보내지 않았다. 그동안 야곱은 자신이 사랑했던 라헬과 요셉을 잃어버렸는데 베냐민까지 잃고 싶지 않았기 때문이다. 게다가 지난번 여행에서 시므온이 돌아오지 못했다. 그러니 베냐민을 보낼 수는 없었다. 그런데 애굽에서 가져온 식량이 바닥을 보이기 시작하자 야곱은 중대한 결단을 해야 했다.

"그 땅에 기근이 심하고 그들이 애굽에서 가져온 곡식을 다 먹으매 그 아버지가 그들에게 이르되 다시 가서 우리를 위하여 양식을 조금 사 오라 유다가 아버지에게 말하여 이르되 그 사람이 우리에게 엄히 경고하여 이르되 너희 아우가 너희와 함께 오지 아니하면 너희가 내 얼굴을 보지 못하리라 하였으니 아버지께서 우리 아우를 우리와 함께 보내시면 우리가 내려가서 아버지를 위하여 양식을 사려니와 아버지께서 만일 그를 보내지 아니하시면 우리는 내려가지 아니하리니 그 사람이 우리에게 말하기를 너희의 아우가 너희와 함께 오지 아니하면 너희가 내 얼굴을 보지 못하리라 하였음이니이다(창 43:1-5).

머뭇거리는 야곱

결단을 차일피일 미루다 보니 먹을 양식이 다 떨어져 갔다. 하지만 그때에도 야곱은 베냐민을 허락하지 않은 채, "다시 가서 우리를 위하여 양식을 조금 사 오라"고 아들들에게 명한다. 그러자 이번에는 유다가 아버지 야곱에게 결단을 촉구하고 나선다. 유다가 한 말은 사실이었다. 요셉이 시므온을 볼모로 삼은 것은 베냐민을 만나기 위한 것이었다. 만일 베냐민 없이 형제들만 애굽에 간다면 좋지 못한 결과를 얻을 것이 뻔했다.

지금 야곱의 결단을 방해하고 있는 것은 베냐민을 잃을 수도 있다는 두려움이었다. 야곱이 결단을 하려면 이 두려움을 내려놓아야 했다. 이 두려움을 내려놓지 못하는 한 야곱은 자기 식솔들을 굶겨야 했다. 무엇을 선택할 것인가? 베냐민인가, 아니면 자기 가족들인가? 야곱의 고민은 깊어만 갔다.

무엇인가를 결단하려면 시선을 하나님께로 돌려야 한다. 하나님께 두려움을 내어 드리지 못한다면 우리는 결단할 수 없을 것이다. 야곱은 다시 큰 결단을 내려야 했다. 그동안 야곱은 몇 번의 큰 결단을 내린 경험이 있었다. 그런데 그때마다 하나님이 개입하셔서 좋은 결과를 얻었었다. 야곱이 내린 결단은 언제나 새로운 미래를 열어 나갔다. 그가 에서를 피해 외삼촌 라반의 집으로 도망친 일을 생각해 보라. 이를 통해 야곱은 벧엘에서 하나님을 체험했으며, 라반의 집에서 네 명의 아내와 열두 명의 아들을 얻지 않았는가? 또한 그가 라반의 집을 떠나 다시 고향으로 돌아온 일을 생각해 보라. 비록 야곱이 야반도주를 하는 바람에 라반과 잠시 갈등이 있었으나, 하나님의 은혜로 무사히 고향에 돌아왔다. 또한 야곱이 에서와 화해한 사건을 생각해 보라. 비록 그가 얍복 나루터에서 천사와 씨름하다가 허벅지 관절이 위골되었지만, 에서와 화해해서 새로운 미래로 나아가지 않았는가? 야곱은 지금까지 결단을 통해서 새로운 미래를 열어 나갔다.

이런 의미에서 야곱을 보면, 결단이란 마치 나무가 땅에 뿌리를 내리는 것과 같다고 생각한다. 나무가 성장해서 꽃을 피우고 열매를 맺으려면 먼저 땅에 뿌리를 내려야 한다. 땅에 뿌리를 내리지 못한 나무는 꽃도, 열매도 맺지 못한다. 야곱은 늘 결단하면서 인생의 열매를 맺어 왔다. 그 결단이 있었기에 오늘의 야곱이 있는 것이다. 이런 점에서 본다면, 우리도 필요할 때는 과감하게 결단해야 한다. 하나님을 믿고 신뢰한다면, 머뭇거리지 말고 결단해야 한다. 너무 완전한 결정을 내리려 한다면 기회를 놓칠 수 있다. 뭔가 부족하더라도 하나님을 믿는 믿음이 있다면 과감하게 결단하여 하나님이 일하실 기회를 드려라. 그러면 '합력하여 선을 이루시는' 하나님을 경험하게 될 것이다(롬 8:28 참조).

결단으로 자신을 세운 야곱

나이가 많이 든 야곱이 이번만큼은 결단하지 못한 채 주저하고 있다. 베냐민까지 잃어버릴까 두려웠기 때문이다. 이때 하나님은 유다로 하여금 야곱에게 결단을 촉구하게 하신다.

"이스라엘이 이르되 너희가 어찌하여 너희에게 또 다른 아우가 있다고 그 사람에게 말하여 나를 괴롭게 하였느냐 그들이 이르되 그 사람이 우리와 우리의 친족에 대하여 자세히 질문하여 이르기를 너희 아버지가 아직 살아 계시느냐 너희에게 아우가 있느냐 하기로 그 묻는 말에 따라 그에게 대답한 것이니 그가 너희의 아우를 데리고 내려오라 할 줄을 우리가 어찌 알았으리이까 유다가 그의 아버지 이스라엘에게 이르되 저 아이를 나와 함께 보내시면 우리가 곧 가리니 그러면 우리와 아버지와 우리 어린아이들이 다 살고 죽지 아니하리이다 내가 그를 위하여 담보가 되오리니 아버지께서 내 손에서 그를 찾으소서 내가 만일 그를 아버지께 데려다가 아버지 앞에 두지 아니하면 내가 영원히 죄를 지리이다 우리가 지체하지 아니하였더라면 벌써 두 번 갔다 왔으리이다"(창 43:6-10).

자신을 담보로 내놓는 유다

유다가 계속해서 야곱에게 결단을 촉구하자, 야곱은 유다와 아들들에게 "어찌하여 너희에게 또 다른 아우가 있다고 그 사람에게 말하여 나를 괴롭게 하였느냐"며 아들들을 책망한다. 가만히 있으면 될 일인데 왜 형제가 열두 명이라고 말했는지, 왜 막내가 아버지와 함께 있다고 말했는지를 추궁하는 것이다. 그러자 유다가 "그 사람이 묻는 말에 대답한 것뿐입니다. 우리가 어떻게 그 사람이 베냐민을 데려오라고 할 줄 알았겠습니까?" 하고 말한다. 사실 맞는 말이다. 유다는 계속해서 자기 자신을 담보로 할 테니 베냐민을 허락해 달라고 간청한다. 이는 전에 르우벤이 자기 자녀들을 담보로 삼겠다고 한 말과는 그 의미가 아주 다르다.

유다는 장자 르우벤과 다른 삶을 살았다. 르우벤은 이미 아버지의 침상을 범했기에 모든 신뢰감을 잃었지만, 유다는 가정에 어려운 일이 있을 때마다 자기희생을 통해서 문제를 해결해 왔다. 따라서 유다가 자기 자신을 담보로 내세운 것은 그만큼 신뢰감이 있었다. 유다는 자신을 담보로 내어놓으며, 만일 베냐민을 아버지에게 다시 데려오지 못한다면 자신이 야곱에게 '영원한 죄인이 될 것'이라고 말한다. 여기서 죄인이란, 가족으로부터 쫓겨나 상속권도 박탈당하고 더 이상 아들로서 인정받지 못하는 것을 의미한다. 유다는 자신의 모든 것을 내걸고 야곱에게 결단을 촉구하고 있는 것이다. 유다는 그때 야곱을 자극하는 말을 한다.

"우리가 지체하지 아니하였더라면 벌써 두 번 갔다 왔으리이다"
(창 43:10).

이 말이 야곱의 마음을 흔들어 놓았다. 야곱이 진작 결단을 했더라면 온 가족이 기근 때문에 이처럼 시달리지는 않았을 것이다. 유다의 말은 맞는 말이었다.

내가 자식을 잃게 되면 잃으리로다

"그들의 아버지 이스라엘이 그들에게 이르되 그러할진대 이렇게 하라 너희는 이 땅의 아름다운 소산을 그릇에 담아 가지고 내려가서 그 사람에게 예물로 드릴지니 곧 유향 조금과 꿀 조금과 향품과 몰약과 유향나무 열매와 감복숭아이니라 너희 손에 갑절의 돈을 가지고 너희 자루 아귀에 도로 넣어져 있던 그 돈을 다시 가지고 가라 혹 잘못이 있었을까 두렵도다 네 아우도 데리고 떠나 다시 그 사람에게로 가라 전능하신 하나님께서 그 사람 앞에서 너희에게 은혜를 베푸사 그 사람으로 너희 다른 형제와 베냐민을 돌려보내게 하시기를 원하노라 내가 자식을 잃게 되면 잃으리로다"(창 43:11-14).

드디어 야곱이 결단을 내렸다. 참으로 힘든 결단이었다. 야곱은 굶주리고 있는 가족이냐, 아니면 베냐민이냐를 놓고 고민하다가 온 가족을 택했다. 결국 결단이란 한쪽을 포기하는 것이다. 한

쪽을 포기하지 않으면 결단할 수 없다. 야곱은 베냐민을 포기했다. 엄밀하게 말하면 베냐민에 대한 집착을 내려놓은 것이다. 야곱이 집착을 내려놓으면서 한 고백을 보면 큰 감동이 된다.

"전능하신 하나님께서 그 사람 앞에서 너희에게 은혜를 베푸사 그 사람으로 너희 다른 형제와 베냐민을 돌려보내게 하시기를 원하노라"(창 43:14).

그러면서 야곱은 "내가 자식을 잃게 되면 잃으리로다"라고 결단한다. 그만큼 힘든 결정을 내린 것이다. 야곱은 '네 아우도 데리고 떠나라'고 말한다. 애굽에서 돌아온 아들들이 베냐민과 함께 애굽에 가야 한다는 말을 했을 때는 '하나밖에 없는 자식'이라고 표현한 바가 있었는데, 지금은 베냐민을 '내 아들'이라고 말하지 않고 '너희 동생'이라고 칭하면서 그를 그의 형들에게 맡기고 있다. 이것은 야곱이 베냐민의 운명을 하나님께 온전히 맡겼음을 보여 주는 대목이다. 참으로 놀라운 결단이다. 야곱은 결단함으로 또 하나의 위기를 넘기고 있다.

이어서 야곱은 애굽으로 갈 때 가나안 땅의 특산품을 그릇에 담아 가라고 말한다. 유향과 꿀과 향품과 몰약과 유향나무 열매와 감복숭아다. 사실 대제국 애굽의 총리인 요셉에게 부족한 것이 있었을까? 하지만 야곱이 마음을 표현할 길은 그것밖에 없었다. 물론 야곱은 요셉이 애굽의 총리로 있다는 사실을 전혀 모르고 있었다. 성경도 요셉이 이 특산품을 받고 어떤 반응을 보였는지는 기록하지 않고 있다. 하지만 한번 상상해 보자. 고향을 떠나온 지 벌써 20여 년이나 지난 요셉에게 고향의 특산품이 얼마나 귀했을까? 요셉은 야곱이 준비해 준 선물을 받고 아버지를 그리워하며 고향 생각에 잠겼을 것이다.

7

후회하는
요셉의 형들

"그 형제들이 예물을 마련하고 갑절의 돈을 자기들의 손에 가지고
베냐민을 데리고 애굽에 내려가서 요셉 앞에 서니라 요셉은 베냐
민이 그들과 함께 있음을 보고 자기의 청지기에게 이르되 이 사람
들을 집으로 인도해 들이고 짐승을 잡고 준비하라 이 사람들이 정
오에 나와 함께 먹을 것이니라 청지기가 요셉의 명대로 하여 그 사
람들을 요셉의 집으로 인도하니 그 사람들이 요셉의 집으로 인도
되매 두려워하여 이르되 전번에 우리 자루에 들어 있던 돈의 일로
우리가 끌려드는도다 이는 우리를 억류하고 달려들어 우리를 잡아
노예로 삼고 우리의 나귀를 빼앗으려 함이로다 하고"(창 43:15-18).

야곱의 결단으로 베냐민을 데리고 다시 애굽에 온 요셉의 형제
들은 요셉을 만났다. 요셉은 자기 형제들이 다시 오자 베냐민부터
확인했다. 요셉은 베냐민이 그들과 함께 있음을 보았다. 여기서
'보다'에 해당하는 히브리어 단어 '라아'에는 '어떤 목적을 가지고

유심히 살피다'라는 의미가 들어 있다. 요셉이 애굽의 노예로 팔려 왔을 당시 베냐민은 어린아이였다. 그런데 이제는 어엿한 청년이 되어 자기 앞에 서 있다. 매우 기뻤던 요셉은 형제들을 자기 집으로 인도한다. 친동생 베냐민이 살아 있음을 확인했기 때문이다.

요셉의 집으로 초대받은 형제들

요셉의 집에 초대받은 형제들은 여전히 불안했다. 아직도 애굽의 총리인 요셉을 신뢰하지 못했기 때문이다. 사실 어떤 손님을 자기 집으로 들인다는 것은 그만큼 그 사람과 인격적인 관계를 맺겠다는 뜻이다. 이제 요셉은 형들에 대해 어느 정도 마음을 열기 시작했다. 하지만 요셉의 형제들은 이런 상황을 오히려 두려워했다. 왜냐하면 지난번에 곡식 자루에서 돈을 발견한 일로 자신들을 억류하거나 노예로 삼을까 봐 걱정이 되었기 때문이다. 그래서 요셉의 집에 도착하자마자 요셉의 집 청지기에게 전에 곡식 자루 안에서 발견한 돈뭉치 이야기를 먼저 꺼낸다. 그러자 청지기는 "너희는 안심하라 두려워하지 말라 너희 하나님, 너희 아버지의 하나님이 재물을 너희 자루에 넣어 너희에게 주신 것이니라 너희 돈은 내가 이미 받았느니라"(창 43:23)라고 말하면서 그들을 안심시킨다. 하지만 그들은 여전히 두려웠다. 이때 혼자 결박되어 옥에 갇혔던 시므온이 들어온다. 시므온과 오랜만에 만난 형제들은 서로

얼싸안으며 기쁨을 감추지 못했다.

오열하는 요셉

"그들이 거기서 음식을 먹겠다 함을 들었으므로 예물을 정돈하고
요셉이 정오에 오기를 기다리더니 요셉이 집으로 오매 그들이 집
으로 들어가서 예물을 그에게 드리고 땅에 엎드려 절하니 요셉이
그들의 안부를 물으며 이르되 너희 아버지 너희가 말하던 그 노인
이 안녕하시냐 아직도 생존해 계시느냐 그들이 대답하되 주의 종
우리 아버지가 평안하고 지금까지 생존하였나이다 하고 머리 숙
여 절하더라 요셉이 눈을 들어 자기 어머니의 아들 자기 동생 베
냐민을 보고 이르되 너희가 내게 말하던 너희 작은 동생이 이 아
이냐 그가 또 이르되 소자여 하나님이 네게 은혜 베푸시기를 원하
노라 요셉이 아우를 사랑하는 마음이 복받쳐 급히 울 곳을 찾아
안방으로 들어가서 울고"(창 43:25-30).

요셉이 오기까지 기다리던 형제들은, 자신들이 가나안에서 가
져온 예물들을 잘 정돈한 후에 요셉을 맞이했다. 요셉을 기다리던
그들의 마음이 얼마나 복잡했을까? 그들은 심히 두려운 마음으로
요셉을 기다렸을 것이다. 마침내 요셉이 도착하자 그들은 고향에
서 가져온 가나안 특산품을 예물로 바친다. 그것을 본 요셉의 반
응이 어떠했을까? 성경에 기록되어 있지는 않지만, 그는 살아 계

신 아버지를 그리워하며 오랜만에 고향에 대한 추억에 잠겼을 것이다. 마음이 열린 요셉이 "너희 아버지 너희가 말하던 그 노인이 안녕하시냐 아직도 생존해 계시느냐" 하며 자기 아버지의 안부를 묻는다. 그러자 형제들은 "주의 종 우리 아버지가 평안하고 지금까지 생존하였나이다"라고 대답한다. 그 말을 들은 요셉은 아버지 야곱에 대한 그리움으로 가슴이 점점 복받쳐 오르기 시작한다. 이어서 함께 온 자기 동생 베냐민을 보면서 "너희가 내게 말하던 너희 작은 동생이 이 아이냐 … 소자여 하나님이 네게 은혜 베푸시기를 원하노라"라고 축복을 하는데, 복받쳐 오르는 감정을 억제하지 못하고 결국 울 곳을 찾아 나간다. 울 곳을 찾아 안방으로 들어간 요셉은 그곳에서 감정을 정리한 후에 돌아와 형제들과 함께 음식을 나눈다.

'마음이 복받치다'로 번역된 히브리어 동사 '카마르'(수동형)는 하나님이 길을 잃고 헤매는 이스라엘에 대해 가지셨던 안타까운 심정을 가리킬 때 주로 사용되는 단어다.

"에브라임이여 내가 어찌 너를 놓겠느냐 이스라엘이여 내가 어찌 너를 버리겠느냐 … 내 마음이 내 속에서 돌이키어 나의 긍휼이 온전히 불붙듯 하도다"(호 11:8).

베냐민을 만난 요셉은 이제 어떻게 해야 할지를 고민했을 것이다. 그의 감정은 벌써 형제들을 향한 애정으로 들끓고 있었다. 지금이라도 자신의 신분을 밝히고 화해하고 싶었을 것이다. 그러나 요셉은 아직도 때가 되지 않았음을 알았기에 감정을 추스른다. 요셉은 자기의 감정을 함부로 쏟아 내지 않았다.

형제들을 극진히 대접하는 요셉

"얼굴을 씻고 나와서 그 정을 억제하고 음식을 차리라 하매 그들이 요셉에게 따로 차리고 그 형제들에게 따로 차리고 그와 함께 먹는 애굽 사람에게도 따로 차리니 애굽 사람은 히브리 사람과 같이 먹으면 부정을 입음이었더라 그들이 요셉 앞에 앉되 그들의 나이에 따라 앉히게 되니 그들이 서로 이상히 여겼더라 요셉이 자기 음식을 그들에게 주되 베냐민에게는 다른 사람보다 다섯 배나 주매 그들이 마시며 요셉과 함께 즐거워하였더라"(창 43:31-34).

요셉은 자신의 끓는 감정을 잠시 가라앉힌 후에 종들에게 음식을 차리라고 명령한다. 요셉은 자신의 상과 형제들의 상을 구분시키고, 또한 애굽 사람들과도 따로 차리게 한다. 이것은 히브리인이었던 요셉의 형제들이 이방인들과 함께 식사하는 것을 부정한 일로 생각하고 있었기 때문이다. 요셉은 이런 식탁 문화를 잘 알고 있었기에 형들을 배려한 것이다. 또한 형제들을 식탁에 앉히는데 맏형에서부터 막냇동생에 이르기까지 나이 순서대로 앉힌다.

만일 요셉이 형제들과 아무런 관계가 없는 사이였다면 이런 일이 가능했을까? 때문에 요셉의 형제들은 이를 '서로 이상히 여겼다'. 이때 요셉은 자기 동생 베냐민에게 자기 음식을 주되 다른 사람보다 다섯 배나 더 주며 특별 대우를 했다.

이제 요셉이 자신이 누구인가를 서서히 드러내고 있다. 조금씩 자신의 마음을 열기 시작한 것이다. 하지만 형제들은 이를 전혀 눈치채지 못했다. "그들이 마시며 요셉과 함께 즐거워하였더라"라고 기록하고 있지만, 그들은 여전히 두려움 속에서 불안해했다. 만일 이때 그들이 마음을 열어서 왜 자기 아버지의 안부를 자세히 묻는지, 어떻게 자기들의 식탁 문화와 형제간의 서열을 알고 있는지를 물었다면 얼마나 좋았을까? 아마 요셉과의 만남이 더 빨리 이루어지지 않았을까? 그러나 요셉의 형제들은 두려움 때문에 어떤 질문도 하지 못한 채 그 소중한 시간을 보냈다.

다시 돌아가는 요셉의 형제들

하나님이 무지한 사람들을 깨닫게 할 때 가장 많이 사용하시는 방법이 바로 '반복'이다. 무지한 사람들은 동일한 일을 반복하는 특성이 있다. 그러므로 어떤 일이 반복될 때는 영적인 지각을 가지고 분별해야 한다. 거기에는 반드시 하나님의 뜻이 숨어 있다. 요셉이 형제들에게 하는 일이 무엇인가? 바로 반복시키는 것이다.

처음 형제들이 요셉을 만났을 때, 요셉은 그들을 정탐꾼으로 몬 다음 시므온을 볼모로 남겨 두고 막내 베냐민을 데리고 오도록 했다. 그들로 하여금 다시 애굽에 오게 한 것이다. 반복시키는 것이다. 요셉은 이번에는 자기 집에 초대하여 그들을 환대했다. 그럼에도 불구하고 그들의 변화가 감지되지 않자, 요셉은 다시 반복시킨다.

은잔을 숨긴 요셉

"요셉이 그의 집 청지기에게 명하여 이르되 양식을 각자의 자루에 운반할 수 있을 만큼 채우고 각자의 돈을 그 자루에 넣고 또 내 잔 곧 은잔을 그 청년의 자루 아귀에 넣고 그 양식값 돈도 함께 넣으라 하매 그가 요셉의 명령대로 하고 아침이 밝을 때에 사람들과 그들의 나귀들을 보내니라 그들이 성읍에서 나가 멀리 가기 전에 요셉이 청지기에게 이르되 일어나 그 사람들의 뒤를 따라가서 그들에게 이르기를 너희가 어찌하여 선을 악으로 갚느냐 이것은 내 주인이 가지고 마시며 늘 점치는 데에 쓰는 것이 아니냐 너희가 이같이 하니 악하도다 하라"(창 44:1-5).

요셉은 이제 마지막 시험을 시작한다. 그는 밤에 관리인을 시켜 형제들의 자루에 양식을 가득 채운 다음 양식값으로 지불된 돈도 자루 속에 집어넣게 했다. 그런 후에 특별히 베냐민의 자루에는 요셉이 사용하는 은잔을 넣었다. 여기서 '그 청년'이란 베냐민을 말한다. 다음 날 아침, 형제들이 식량 자루를 짊어지고 떠날 때 요셉이 청지기에게 치밀한 지시를 내린다. 그 지시를 받은 청지기가 형제들이 요셉의 집과 성읍에서 떠나 멀리 가기 전에 그들을 만나서 말한다.

"너희가 어찌하여 선을 악으로 갚느냐. 너희가 내 주인이 쓰는 은잔을 훔쳤다."

그러자 요셉의 형제들은 당황하기 시작한다. 그들은 결단코 그런 일은 있을 수 없다고 말하면서, 지난번에 자루에 들어 있던 돈도 다시 가지고 왔다고 말한다(창 44:8 참조). 그러자 그 청지기는 형제들의 자루를 검사하기 전에 먼저 은잔을 훔쳐 간 범인이 발각되면 그를 어떻게 처리할 것인지에 대해서 분명히 하고 조사에 들어간다.

"그가 이르되 그러면 너희의 말과 같이 하리라 그것이 누구에게서든지 발견되면 그는 내게 종이 될 것이요 너희는 죄가 없으리라 그들이 각각 급히 자루를 땅에 내려놓고 자루를 각기 푸니 그가 나이 많은 자에게서부터 시작하여 나이 적은 자에게까지 조사하매 그 잔이 베냐민의 자루에서 발견된지라 그들이 옷을 찢고 각기 짐을 나귀에 싣고 성으로 돌아가니라"(창 44:10-13).

요셉의 형제들은 은잔을 훔친 자가 있다면 그는 죽을 것이요,

자신들은 요셉의 종이 되겠다고 말했지만, 청지기는 요셉이 지시한 대로 은잔을 훔친 자만 종으로 삼겠다고 말한다. 그리고 그들의 곡식 자루를 검사하기 시작한다. 결국 검사 결과 베냐민이 범인으로 지목되었다. 베냐민의 식량 자루에서 은잔이 발견되었기 때문이다.

요셉의 의도

그렇다면 요셉은 왜 베냐민의 식량 자루에 은잔을 숨겼을까? 그것은 두 가지를 확인하기 위함이었다. 첫째는, 베냐민에 대한 형들의 태도를 보기 위함이었다. 만일 형들이 자신을 질투해서 애굽의 종으로 팔아 버렸던 것처럼 베냐민을 질투하고 있다면 베냐민의 안위에 대해서는 큰 관심을 갖지 않을 것이다. 베냐민이 은잔을 훔쳤으니 어쩔 수 없이 요셉의 종이 되어야 한다고 생각했을 것이다. 둘째는, 아버지에 대한 형들의 태도를 보기 위해서였다. 아버지 야곱은 요셉을 잃은 후에 오직 막내아들 베냐민만 의지하며 살아가고 있었다. 그런데 20여 년 전에 자신을 노예로 팔아넘겨 아버지 야곱의 가슴에 대못을 박은 형들이 다시 베냐민을 요셉의 노예로 넘겨주어 아버지의 가슴을 또 찢어 놓는다면 요셉은 형제들을 용서할 수 없었을 것이다. 때문에 요셉은 다시 한번 형들을 시험한 것이다.

뜻밖에 베냐민의 식량 자루에서 은잔이 발견되자 베냐민 자신도 놀랐을 뿐만 아니라 다른 형제들도 당황하지 않을 수 없었다.

특별히 청지기의 말에 의하면 그 은잔은 자기 주인이 '점을 칠 때 쓰는 귀한 것'이라고 한다. 우리는 여기서 하나님을 섬기는 요셉에게 점을 치는 은잔이 있다는 사실에 어리둥절할 수 있다. 그러나 '점치는 잔'을 운운한 것은 요셉이 점을 치고 살았다는 것을 말하는 것이 아니다. 베냐민이 훔친 은잔이 애굽의 총리가 사용하는 귀한 가치가 있는 것임을 강조하는 것이다. 따라서 이를 도둑질한 자에게는 엄한 처벌이 예상된다는 말이다.

베냐민의 식량 자루에서 요셉의 은잔이 발견되자 그들은 꼼짝없이 은잔을 훔친 도둑이 되었다. 이때 형제들은 은잔을 훔친 베냐민과 함께 다시 요셉의 집으로 돌아간다. 그리고 요셉을 다시 만난다. 여기서 중요한 것은 베냐민만이 아니라 모든 형제가 다 함께 요셉의 집으로 돌아왔다는 점이다. 이 모습을 본 요셉은 속으로 기뻐했을 것이다. 만일 요셉의 형들이 예전 같았다면 그렇게 하지 않았을 것이다. 베냐민의 자루에서 은잔이 나온 것은, 일찍이 야곱이 라반의 집에서 나올 때 라헬이 라반의 우상을 훔쳐 나온 것을 연상하게 한다. 형들은 베냐민에게 "그 어미에 그 자식놈이구나. 네 어미가 외삼촌 집에서 우상을 훔쳐 나왔는데, 이제는 네가 그런 일을 하느냐. 피는 속일 수 없구나"(창 31:19-35 참조) 하고 말할 수도 있었다. 또 그들은 끌려가는 베냐민을 조롱하면서 "아버지의 사랑을 받는다고 잘난 척하더니 잘되었다. 이제 네 형 요셉처럼 애굽의 종이 되어서 인생의 쓴맛 좀 봐라!" 하고 말할 수도 있었다. 그러고는 집으로 돌아가 아버지 야곱에게 얼마든지 자신들의 정당성을 주장했을 수도 있다. 이런 이야기를 듣고 야곱이 쓰러져도 할 수 없는 일이라 생각했을 것이다. 요셉과 함께 베냐민까지 없어졌으니 이제 눈엣가시가 제거된 것이다. 뿐만 아니라 자신들에게 돌아갈 유산의 몫도 그만큼 늘어났으니 속으로 좋아했을지 모른다.

하지만 요셉의 형들은 더 이상 과거의 사람들이 아니었다. 그들은 그동안 애굽을 다니면서 겪었던 일 때문에 서서히 변화되고 있었다. 그들은 자신들이 한 일이 심각한 죄였음을 깨달았고, 요셉을 잃고 눈물로 세월을 보내는 아버지의 모습을 보면서도 많은 것을 깨달았다. 결코 형제에게 해를 입혀서는 자신들에게 좋을 것이 하나도 없음을 알게 되었다. 그런데 다시 베냐민까지 잃어버린다면 그들도 더 이상 살 용기를 내지 못할 것이다. 때문에 베냐민만 보내지 않고 함께 와서 요셉 앞에 무릎을 꿇은 것이다.

베냐민과 함께 형들이 다시 나타나자 요셉은 내심 기뻤다. 물론 요셉은 자신의 신분을 숨긴 채 여전히 그들을 거칠게 대했다.

"나 같은 사람이 점을 잘 치는 줄을 너희는 알지 못하였느냐"
(창 44:15).

이 말은 혹시나 자신의 정체가 드러날까 봐 다시 한번 자신이 애굽의 총리임을 드러낸 것이다. 하지만 사실 요셉은 이미 베냐민과 함께 돌아온 형들에게 고마운 마음이었다. 그들은 요셉의 마지막 시험에 통과된 것이었다.

형들의 후회

다시 반복해서 애굽에 돌아온 형제들은 생각이 많아졌다. 그것은 비단 베냐민에게서 은잔이 발견되었기 때문이 아니라, 왜 자꾸 이런 일이 생기는지에 대한 의문 때문이었다.

> "유다가 말하되 우리가 내 주께 무슨 말을 하오리이까 무슨 설명을 하오리이까 우리가 어떻게 우리의 정직함을 나타내리이까 하나님이 종들의 죄악을 찾아내셨으니 우리와 이 잔이 발견된 자가 다 내 주의 노예가 되겠나이다"(창 44:16).

요셉 앞에 무릎을 꿇은 형제들은 더 이상 할 말이 없었다. 그런데 "하나님이 종들의 죄악을 찾아내셨으니"라고 말한 유다의 고백을 보면, 비단 베냐민의 문제만이 아니라 자신들이 이미 20여년 전에 요셉을 애굽의 종으로 팔아 버린 일을 회상하고 있었다. 그 죄의 대가를 지금 치르고 있다고 말하는 것이다. 어떻게 해서 베냐민이 은잔을 훔치게 되었는지는 잘 모르지만, 분명한 것은 이일을 주관하시는 분이 하나님이라는 사실이다. 그들은 지금 베냐민의 은잔 때문에 요셉 앞에 무릎을 꿇은 것이 아니라, 하나님이 자신들의 죄를 드러내고 계시다는 사실 앞에 무릎을 꿇고 있다. 지난날 자신들이 요셉을 애굽의 상인들에게 노예로 판 사실을 후회하고 있는 것이다.

후회는 대단히 중요한 일이다. 후회와 회개는 비슷한 부분도 있지만 아주 다르다. 후회는 자신이 한 일이 잘못되었음을 뉘우치는 일이고, 회개란 그 뉘우침을 넘어서서 완전히 삶을 돌이키는 것이다. 그러므로 후회는 회개하기 전에 안에서 일어나는 회개의 전조 현상이다. 다만 안에서 일어난 후회를 회개로 발전시키느냐, 아니면 잠시 후회하다가 마느냐 하는 것은 전적으로 개인의 문제이지만, 후회 없이 회개하는 이들은 없다. 후회란 회개의 전조 현상으로서 영적으로 대단히 중요한 일이다. 하나님 앞에서 온전히 회개하려면 먼저 우리 안에서 후회가 일어나야 한다.

요셉의 형제들은 지금 요셉 앞에서 지난날을 후회하고 있다. 사랑해야 할 동생을 미워해서 결국 채색옷을 벗기고 애굽의 노예로 팔아 버린 일을 회상하면서 괴로워하고 있다. 또한 요셉의 채색옷을 찢어 거기에 염소의 피를 묻혀서 아버지 야곱을 속임으로써 그날부터 야곱이 슬픔 속에서 살게 했던 것들도 후회했을 것이다. 왜냐하면 자신들이 겪는 모든 일이 그 일과 연관되어 있음을 영적으로 느끼고 있었기 때문이다. 그들은 "하나님이 종들의 죄악을 찾아내셨으니 우리와 이 잔이 발견된 자가 다 내 주의 노예가 되겠나이다"라고 말하고 있다. 그들은 모든 죄를 후회하면서 어떤 벌이라도 달게 받을 각오로 요셉 앞에 엎드려 있다. 이 모습은 그동안 죄를 숨기고 살아온 삶의 무게가 얼마나 무겁고 힘들었는가를 보여 준다. 그들은 이제 모든 죄가 드러났으니 오히려 홀가분한 마음으로 죄의 대가를 치를 생각을 한 것이다.

당신에게도 후회하는 일이 있는가? 만일 있다면 그것을 소중히 여겨야 한다. 왜냐하면 그것이 회개로 들어가는 관문이기 때문이다. 물론 후회가 회개로 마무리되지 않고 잠시 후회하다가 잊어버린다면 그것처럼 어리석은 일은 없을 것이다. 그것은 또 하나의 실패와 좌절을 경험하는 일이 되고 말 것이다. 그러나 후회를 회개로 전환시킬 수 있다면, 우리는 이를 통해 새로운 미래를 열어갈 수 있다.

15세기 무렵, 일본의 쇼군 아시카가 요시마사가 중국제 찻그릇을 떨어뜨려 산산조각 냈다. 그는 깨진 그릇을 수선하기 위해 중국으로 보냈지만, 몇 달 후에 돌려받은 물건은 보기에 흉했다. 그릇 조각들이 큰 금속 꺾쇠로 고정되어 있었기 때문이다. 더 나은 방법이 있을 거라고 생각한 그는 지역 장인들에게 방법을 찾아 달라고 부탁했다. 그들은 깨진 조각의 가장자리를 사포질하고 금을 섞은 옻으로 메워 이어 붙였다. 장인들의 목표는 원래의 모습을 충실하게 재현하거나 새로 생긴 결함을 숨기는 것이 아니었다. 그 그릇을 더 나은 다른 그릇으로 바꾸는 것이었다. 그들의 작품은 '킨츠기'(Kintsugi), 즉 황금 목공예라는 새로운 예술 형태로 확립되었다. 지금도 킨츠기한 도자기는 처음 도자기보다 더 귀한 작품으로 인정받고 있다.

하나님은 토기장이라고 성경에 기록되어 있다. 하나님은 깨진 우리의 형상을 가지고 더 멋진 작품으로 만드시는 분이다. 그러므로 후회되는 인생을 살았다 해서 낙심해서는 안 된다. 후회를 회개의 기회로 만들라. 그래서 더 멋진 작품으로 거듭나기를 바란다.

"여호와의 말씀이니라 이스라엘 족속아 이 토기장이가 하는 것같이 내가 능히 너희에게 행하지 못하겠느냐 이스라엘 족속아 진흙이 토기장이의 손에 있음같이 너희가 내 손에 있느니라"(렘 18:6).

8

후회에서
회개로

베냐민과 함께 돌아온 요셉의 형제들은 요셉 앞에서 하나님이 하시는 일을 보며 지난날 자신들이 요셉을 애굽의 노예로 판 사실을 포함하여 모든 일을 후회하면서, "우리와 이 잔이 발견된 자가 다 내 주의 노예가 되겠나이다"(창 44:16)라고 고백한다. 이것은 유다가 한 말인데, 베냐민만이 아니라 자신들 모두가 다 같은 죄인이라는 것이다. 이 말속에는 은잔을 훔친 베냐민만이 아니라 과거에 요셉을 팔았던 자신들까지 다 죄인이라는 의미가 담겨 있다.

이제 이후에 이어지는 '유다의 탄원'을 살펴보자. 이 유다의 탄원은 인류의 문학 작품 중에서 훌륭한 작품 중 하나로 평가되고 있다. 유다의 탄원은 한 인간의 간절한 청원과 사랑하는 자식을 잃고 슬퍼하게 될 늙은 아버지의 마음을 구구절절 감동적으로 묘사하고 있다. 우리는 이 내용을 통해서 유다와 형제들이 단순히 후회하는 데서 멈춘 것이 아니라, 하나님 앞에서 자신들의 죄를 회개하고 있음을 본다.

회개하는 유다

유다의 탄원

"유다가 그에게 가까이 가서 이르되 내 주여 원하건대 당신의 종에게 내 주의 귀에 한 말씀을 아뢰게 하소서 주의 종에게 노하지 마소서 주는 바로와 같으심이니이다 이전에 내 주께서 종들에게 물으시되 너희는 아버지가 있느냐 아우가 있느냐 하시기에 우리가 내 주께 아뢰되 우리에게 아버지가 있으니 노인이요 또 그가 노년에 얻은 아들 청년이 있으니 그의 형은 죽고 그의 어머니가 남긴 것은 그뿐이므로 그의 아버지가 그를 사랑하나이다 하였더니 주께서 또 종들에게 이르시되 그를 내게로 데리고 내려와서 내가 그를 보게 하라 하시기로 우리가 내 주께 말씀드리기를 그 아이는 그의 아버지를 떠나지 못할지니 떠나면 그의 아버지가 죽겠나이다 주께서 또 주의 종들에게 말씀하시되 너희 막내아우가 너희와 함께 내려오지 아니하면 너희가 다시 내 얼굴을 보지 못하리라 하시기로"(창 44:18-23).

먼저 유다는 요셉에게 말할 수 있는 기회를 얻은 후에 탄원하기 시작한다. 이 유다의 탄원은 그가 비단 요셉의 일을 후회하는 것만이 아니라 이제 회개하고 있음을 알 수 있는 대목이다. 유다는 먼저 자신들이 맨 처음 요셉을 만나서 나눈 대화부터 시작해서 지금까지의 일을 소상하게 말한다. 이 내용 중에서 유다가 강조하는 것은 베냐민과 아버지 야곱의 관계였다. 베냐민은 배가 다른 막냇동생이지만, 그의 형이 죽고 난 후부터 아버지는 유독 베냐민만을 사랑했다는 것이다. 그를 데리고 다시 애굽에 올 때도 아버지 야곱이 얼마나 슬퍼하던지, 유다가 자신의 목숨을 담보로 해서 겨우 아버지를 설득했다는 것이다. 만일 은잔을 훔친 죄로 베냐민이 아버지에게 돌아가지 않으면 아버지는 곧 죽게 될 것이라고 말한다.

"아버지의 생명과 아이의 생명이 서로 하나로 묶여 있거늘 이제 내가 주의 종 우리 아버지에게 돌아갈 때에 아이가 우리와 함께 가지 아니하면 아버지가 아이의 없음을 보고 죽으리니 이같이 되면 종들이 주의 종 우리 아버지가 흰머리로 슬퍼하며 스올로 내려가게 함이니이다"(창 44:30-31).

그러니 유다 자신이 베냐민을 대신하여 종이 되겠다는 것이었다.

"주의 종이 내 아버지에게 아이를 담보하기를 내가 이를 아버지께로 데리고 돌아오지 아니하면 영영히 아버지께 죄짐을 지리이다 하였사오니 이제 주의 종으로 그 아이를 대신하여 머물러 있어 내 주의 종이 되게 하시고 그 아이는 그의 형제들과 함께 올려 보내소서 그 아이가 나와 함께 가지 아니하면 내가 어찌 내 아버지에게로 올라갈 수 있으리이까 두렵건대 재해가 내 아버지에게 미침을 보리이다"(창 44:32-34).

우리는 여기서 한 인간의 변화된 모습을 본다. 한 사람이 변화되었다는 것을 어떻게 알 수 있을까? 온전히 회개한 사람은 그 사람이 전에 죄를 지었던 것과 똑같은 상황이 되어도 같은 죄를 짓지 않는다. 이것이 후회와 회개의 차이다. 후회를 회개로 승화시키지 못한 이들은 동일한 상황에서 같은 죄를 반복할 확률이 높다. 유다는 22년 전에 범했던 죄를 다시 반복하지 않는다. 22년 전, 유다는 요셉을 애굽의 노예로 팔자고 형제들을 설득한 사람이었다. 그만큼 아버지의 편애를 받는 요셉을 미워했었다. 그런데 지금 유다는 여전히 아버지로부터 편애를 받고 있는 베냐민 대신 자신이 노예가 되겠다고 한다. 이것은 동생 베냐민을 더 이상 미워하지 않고 있음을 증명한 것이다. 또한 아버지 야곱을 걱정하며 염려하고 있다. 이는 과거에는 볼 수 없었던 유다의 모습이다. 여기서 유다가 호소하는 것은 베냐민이 무죄하다는 것이 아니다. 유다는 베냐민의 죄를 인정하면서 이를 대신해서 자신이 그 죄를 감당하겠다고 나선 것이다. 또한 늙은 아버지가 막내아들을 잃음으로써 갖게 될·비참함을 호소하고 있다. 유다는 지금 자신이 과거에 행한 죄를 무거운 마음으로 회개하면서, 베냐민을 대신하여 요셉의 종이 됨으로써 그 모든 죄에서 자유를 얻으려 하는 것이다.

유다가 경험한 일

22년 전, 요셉의 찢어진 옷을 보고 통곡하던 아버지를 매정하게 바라보던 유다가 지금은 아버지가 베냐민을 잃고 상심할 것만 생각해도 가슴이 아파 견딜 수 없어 한다. 이제 유다는 베냐민에 대한 아버지의 편애를 당연한 것으로 받아들이고 있다. 일반적으로 아들 입장에서 다른 형제를 편애하고 있는 이유를 질투심 없이 열거하기란 쉽지 않다. 하지만 유다는 담담하게 베냐민에 대한 아버지의 사랑을 이야기하고 있다. 그렇다면 무엇이 유다의 마음을 변화시켰을까? 유다가 변화된 결정적인 이유는 유다가 결혼을 해서 자식을 낳아 기르면서 겪었던 일들과 깊은 관계가 있다. 유다가 낳은 자식들에 관한 이야기는 창세기 38장에 기록되어 있다. 창세기 기자는 여기에 유다의 이야기를 넣음으로써 유다가 어떻게 변화될 것인가를 짐작하게 한다.

유다는 결혼해서 아들 셋을 두었다. 그 이름은 '엘'과 '오난'과 '세라'였다. 유다는 맏아들 엘에게 '다말'이라는 아내를 얻어 주었다. 그런데 장자 엘은 하나님이 보시기에 너무 악했기에 하나님께서 일찍 불러 가셨다. 그 당시에 있었던 사회 보장 제도에는 '계대 제도'라는 것이 있어서 형이 아들을 낳지 못하고 죽었을 때는 동생이 형수와 관계하여 형의 아들을 낳아야 했다. 이 제도에 따라서 둘째 아들 '오난'이 다말과 잠자리를 하게 되었는데, 오난은 자신의 씨가 형의 아이가 되는 것이 싫어서 밖에다 사정하다 죽고 말았다(창 38:8-9 참조). 유다는 큰아들과 둘째 아들을 연달아 잃자

마지막 남은 막내아들 세라를 보호하고자 며느리와 잠자리를 할 기회를 주지 않았다. 다말을 그의 친정집으로 돌려보낸 것이다. 이에 불만을 가진 며느리 다말이 창녀로 분장하여 시아버지 유다와 관계를 맺어 쌍둥이를 낳는 비참한 결과를 얻었다.

이렇게 유다는 아들 셋을 통해서 큰 고통을 맛본 사람이었다. 때문에 유다는 누구보다도 아버지 야곱의 마음을 이해하는 사람이 되었다. 유다는 아버지를 위해서 베냐민 대신 자신의 목숨을 바칠 각오까지 한 것이었다. 이것은 유다가 하나님 앞에서 온전히 회개한 사람임을 증거하고 있다. 유다와 그의 형제들은 이제 많이 변했다. 그들은 후회의 단계를 넘어서서 회개의 단계로 들어선 것이다. 그들은 완전히 다른 사람이 되어 있었다.

회개의 3요소

우리는 이 말씀을 통해서 회개의 3요소를 발견하게 된다. 회개란 '죄인이 자신이 행한 바를 죄로 알고 통회하면서 그 길에서 돌이키는 것'을 말한다. 이것이 후회와 회개의 다른 점이다. 온전한 회개에는 세 가지 요소가 있다.

지성적인 요소: 깨달음

회개가 시작될 때 가장 먼저 오는 것은 지성적인 요소로서 '깨달음'이다. 회개란 죄로부터의 방향 전환이므로 죄에 대한 깨달음이 없이는 이루어지지 않는다. 요셉의 형제들은 요셉을 만난 후 3일 동안 옥에 갇힐 때부터 요셉을 애굽의 상인에게 노예로 판 일에 대한 죄책감을 느끼기 시작했다. 맏형 르우벤은 '우리가 요셉의 핏값을 치르고 있다'고 말함으로써 형제 전체가 죄를 깨닫기 시작했음을 보여 준다.

> "그 범한 죄를 깨달으면 회중은 수송아지를 속죄제로 드릴지니 그것을 회막 앞으로 끌어다가"(레 4:14).

이것은 범한 죄를 어떻게 속죄할 것인가를 규정해 놓은 레위기 말씀이다. 죄를 범한 사람은 수송아지를 속죄제로 드림으로써 죄 사함을 받을 수 있었다. 그런데 이때 수송아지를 속죄 제물로 드리기 전에 선행되는 것이 무엇인가? '그 범한 죄를 깨달으면', 즉 자신이 죄를 지었다는 사실을 깨달아야 한다. 이런 깨달음이 있어야 회개가 시작되는 것이다.

정서적 요소: 슬픔, 수치, 회한, 근심

회개의 두 번째 요소는 정서적인 것으로서 깨달음 후에 오는 감정이다. 이 감정에는 슬픔, 수치, 회한, 근심 등이 있다. 회개를 촉발하는 정서적 요소는 종종 한데 뭉뚱그려져 '하나님께 통회하는 마음'이라고 표현되는데, 이는 거룩하고 공의로우신 하나님께 지은 죄를 안타까워하고 애통한다는 뜻이다.

"말하기를 나의 하나님이여 내가 부끄럽고 낯이 뜨거워서 감히 나의 하나님을 향하여 얼굴을 들지 못하오니 이는 우리 죄악이 많아 정수리에 넘치고 우리 허물이 커서 하늘에 미침이니이다"(스 9:6).

우리가 죄를 지었다는 사실을 깨달을 때 일어나는 것이 바로 정서적인 반응이다. 죄에 대한 깨달음은 감정을 발생시킨다. 그런데 이때 일어나는 정서적인 반응이 그가 후회에 머물 것인가, 아니면 회개로 전환될 것인가를 결정한다. 만일 죄에 대한 깨달음이 너무 커서 슬픔이나 수치스러움이 깊이 일어난다면, 그는 당연히 통곡하거나 통회 자복하는 쪽으로 이어질 것이다. 그러나 죄를 깨닫기는 했으나 정서적인 반응이 그리 크지 않다면, 그는 잠시 자신이 한 일에 대해서 후회할 뿐 회개로의 전환은 일어나지 않을 확률이 높다. 잠시 한숨 몇 번 내쉬다가 다시 평상시로 돌아가는 것이다. 이런 정서적 반응은 회개로 나아가지 못한다.

유다의 탄원을 보자. 유다는 자기 아버지와 베냐민의 관계를 말하면서 눈물로 호소하고 있다. 아직 애굽의 총리가 요셉이라는 사실을 몰랐기에 자신이 저지른 죄를 자백하지는 않았지만, 그는 자신이 아버지를 속이고 아버지를 슬픔 속에 살게 한 죄에 대해서 눈물로 돌이키는 것을 본다. 유다는 요셉이 안부를 물었던 아버지와 은잔을 훔친 베냐민의 관계에 대해 설명하면서 깊이 통회하고

있다. 그만큼 정서적 반응이 깊었던 것이다. 이것은 유다가 후회
만 한 것이 아니라 진심으로 회개했음을 보여 주는 대목이다.

이처럼 정서적인 반응은 '후회'와 '회개'를 구분하는 경계선이
기도 하지만, '불완전한 회개'와 '참된 회개'를 구분하는 경계이기
도 하다. '불완전한 회개'란 죄에 대한 깨달음으로 잠시 정서적인
반응이 일어나긴 하지만, 자기중심이 흔들릴 만큼 전적으로 회개
하는 것은 아니다. 죄에 대한 깨달음과 함께 슬픔과 수치스러움
그리고 회한이나 근심과 같은 정서적인 반응이 일어나긴 하지만
자기중심까지는 아직 깨어지지 않는 회개다. 그래서 '불완전한 회
개'라고 부른다. 그러나 '참된 회개'란 지각 변동이 일어난다. 죄
에 대한 깨달음과 함께 온 영혼이 흔들려 주체할 수 없을 만큼 통
곡이 터진다. 그래서 돌이키지 않을 수 없는 상태가 된다. 다시는
동일한 죄를 범하지 않는다. 완전히 돌아서는 것이다. 우리는 이
것을 참된 회개라 말한다.

의지적 요소: 돌이킴

정서적인 반응이 강하게 나타난 사람들에게는 반드시 돌이킴
이 일어난다. 깨달음 후에 일어나는 정서적인 반응은 이처럼 중요
한 결과를 만들어 낸다. 만일 참된 회개가 시작되었다면, 그 회개
는 결단과 함께 돌이킴이 일어나게 된다. 이것을 '온전한 회개'라
고 말한다. 만일 어떤 깨달음과 함께 정서적인 반응만 보이고 돌
이킴이 없었다면 그것은 온전한 회개가 아니다. 온전한 회개를 평

가하는 가장 중요한 요소는 의지적인 돌이킴이 있느냐, 없느냐에 달려 있다. 돌이킴은 회개를 평가하는 중요한 기준이다.

"주의 얼굴을 내 죄에서 돌이키시고 내 모든 죄악을 지워 주소서 하나님이여 내 속에 정한 마음을 창조하시고 내 안에 정직한 영을 새롭게 하소서"(시 51:9-10).

이 말씀은 다윗이 밧세바를 범하고 그의 남편 우리아를 전방에 내보내 죽게 한 후에 회개한 내용이다. 다윗은 나단 선지자와의 대화를 통해서 자신이 한 행위가 얼마나 큰 죄인가를 깨달았다. 그는 곧바로 식음을 전폐하고 침상에서 눈물로 회개하기 시작했다. 그에게는 죄에 대한 깨달음과 함께 정서적인 반응이 일어났다. 이어서 그는 눈물로 침상을 적시며 기도한 후에 모든 죄에서 돌이켰다.

"하나님이 내 속에 정한 마음을 창조하시고 내 안에 정직한 영을 새롭게 하소서"(시 51:10).

그는 자신이 저지른 간음과 살인죄를 철저하게 회개했고, 이후에 다시는 그런 죄를 반복하지 않았다. 다윗은 이때 온전히 회개한 것이다. 온전한 회개란 이처럼 완전히 돌이켜야 한다.

유다의 탄원에도 이런 돌이킴이 분명히 드러나고 있다. 유다는 자신이 범한 죄가 아버지 야곱에게 큰 슬픔을 안겼음을 분명히 인식하고 있었다. 때문에 베냐민마저 잃게 할 수 없었기에 베냐민을 대신해서 자신이 종이 되겠다고 요셉에게 탄원한 것이다. 깨달음과 함께 정서적인 반응도 있었으며, 자신의 생명을 내놓을 만큼 돌이킴도 있었다. 참된 회개에는 이처럼 죄에 대한 깨달음과 함께 정서적인 반응이 일어나야 하고, 의지적인 결단과 함께 돌이킴이 있어야 한다.

그리스도인들을 체포하려 다메섹으로 갔던 사울도 도중에 부활하신 주님을 만나 완전히 회개했다. 그는 회개한 직후 다메섹에 있던 회당에 들어가 예수님이 바로 자신들이 기다리던 메시아임을 증거하기 시작했다. 완전히 돌아선 것이다. 그 이후 사도 바울은 단 한 번도 뒤돌아보지 않고 오직 복음을 전하기 시작했다. 그는 로마의 지하 감옥에서 순교하기까지 오직 복음을 전하는 일에만 매진했다. 온전히 회개한 사람은 반드시 삶의 방향이 바뀌게 된다.

후회를 회개로 전환하자

당신은 진정으로 회개한 경험이 있는가? 우리가 영적으로 온전히 성장하기 위해서는 반드시 온전한 회개가 필요하다. 회개란 나와 하나님이 생명의 관계를 맺는 일이다. 만일 진정한 회개가 없다면, 그 생명의 관계는 늘 흔들릴 것이다. 또한 죄를 온전히 회개하지 않으면 죄의 영향력이 우리 안에서 점차 커지면서 자주 죄에 넘어질 수밖에 없을 것이다. 그러므로 우리는 후회를 넘어서 온전한 회개를 해야 한다. 잠시 뉘우치며 후회하는 것만으로는 부족하다. 그러면 내면에 죄에 대한 내성이 생겨서 우리는 점점 더 무딘 심령이 되고 말 것이다. 그러므로 회개를 하려면 온전히 해야 한다. 완전히 죄로부터 돌이켜야 한다.

우리가 참된 회개를 통해서 얻을 수 있는 가장 중요한 것은 겉사람이 깨어지는 경험이다. 다시 말하면, 그만큼 속사람이 성장하는 것이다. 우리 안에는 두 개의 자아가 있다. 하나는 '하나님의 형상'이라는 '자기'이고, 다른 하나는 지금 현실에서 행하며 살고 있는 '자아'다. 여기서 '자기'란 하나님이 우리에게 주셨던 '하나님의 형상'으로서, 사도 바울은 이것을 속사람이라고 말한다. '자아'란 아담의 죄성이 흐르고 있는 '현실의 나'로서, 사도 바울은 이것을 겉사람이라고 말한다. 우리가 행복하게 살려면 겉사람이 깨지고 속사람으로 살아야 한다. 다시 말해서, 하나님의 형상을 온전히 회복해야 한다. 그래야 우리는 그리스도인으로서 바른 삶을 살 수 있다. 회개란 바로 겉사람을 부수고 속사람을 강화시키는 일이다. 그러므로 그리스도인들에게 회개처럼 중요한 것도 없다. 회개는 우리를 영적으로 성장시키는 데 꼭 필요한 일이다. 물론 그 과정은 유쾌하지 않을 수 있다. 하지만 우리가 이 땅에서 진정한 그리스도인으로 살려면 회개는 반드시 필요하다. 그래서 하나님은 요셉의 형제들에게 이 과정을 허락하신 것이다.

그러므로 단순히 후회에 머물지 말고, 그 후회를 회개로 전환시켜야 한다. 우리는 속사람으로 사는 법을 배워야 한다. 하지만 신앙생활을 하면 할수록 온전한 회개를 하지 못하는 사람이 많다. 잠시 후회는 하면서도 그것을 회개로 발전시키지 못하는 것이다. 만일 이런 일이 반복된다면 어떤 결과가 생길까? 우리 내면에 있는 죄성이 강화되면서 영적으로 무딘 사람이 되기 쉽다. 심하면 그리스도인인지 세상 사람인지 구분할 수 없는 지경까지 이르게 된다. 그러므로 후회만 하지 말고, 그것을 회개로 발전시켜야 한다. 그렇지 않으면 우리는 내면의 영성을 온전히 형성시킬 수 없다.

재미있는 우화가 있다. 숲에서 진박새가 야생 비둘기에게 말한다.

"눈송이 하나의 무게가 얼마인지 알아?"

야생 비둘기가 말한다.

"무게가 거의 없어."

그러자 진박새가 말한다.

"그럼 내가 믿기 어려운 이야기를 하나 해 주지. 내가 전나무 둥치 바로 옆 가지에 앉아 있었는데 눈이 내리기 시작했어. 많이 오는 것도 아니고, 심한 눈보라도 아니었어. 전혀 격렬하지도 않고 마치 꿈속처럼 내렸어. 나는 달리 할 일이 없었기 때문에 내가 앉은 자리 위에 내려앉는 눈송이들의 숫자를 세었어. 정확하게 3,741,952개였어. 네 말대로라면 무게가 거의 없는 그다음 번째 눈송이가 내려앉는 순간 나뭇가지가 부러졌어."*

지금 우리 마음에는 얼마나 많은 후회가 눈송이처럼 소리 없이 쌓이는지 모른다. 잠시 후회하는 것은 눈송이처럼 큰 무게가 나가지 않는다. 우리 인생을 단번에 무너뜨리지는 못한다. 그러나 자꾸 후회할 일이 쌓이게 되면, 결국 우리의 삶도 무너지고 말 것이다. 작은 일을 큰일로 만들지 말자. 후회만 하고 지나치지 말자. 만일 후회만 하고 넘어간다면 그 일이 큰일이 될 수도 있다. 그러므로 작은 후회거리마다 회개해서 정한 마음을 갖자. 다윗은 이렇게 기도했다.

"하나님이여 내 속에 정한 마음을 창조하시고 내 안에 정직한 영을 새롭게 하소서"(시 51:10).

*   류시화, 《좋은지 나쁜지 누가 아는가》(더숲, 2019), p. 29.

9

하나님의
섭리를
선포하는 요셉

유다의 탄원을 들은 요셉은 큰 감동을 받는다. 유다를 비롯한 모든 형제가 온전히 하나님 앞에서 회개한 것을 확인한 것이다. 이에 요셉은 자신의 신분을 밝히며 형제들과 화해한다. 그리고 하나님의 섭리가 무엇인지를 선포하면서 형제들을 고향으로 돌려보낸다.

"요셉이 시종하는 자들 앞에서 그 정을 억제하지 못하여 소리 질러 모든 사람을 자기에게서 물러가라 하고 그 형제들에게 자기를 알리니 그때에 그와 함께한 다른 사람이 없었더라 요셉이 큰 소리로 우니 애굽 사람에게 들리며 바로의 궁중에 들리더라"(창 45:1-2).

유다의 탄원을 듣던 요셉은 끓어오르는 감정을 주체하지 못한다. 이번에는 지난번처럼 눈물을 숨기기 위해서 방을 나가지 않고 형들 앞에서 울음을 터뜨리고 만다. 왜냐하면 형들의 변화를 확인했기 때문이다. 요셉은 주위에 있던 시종을 모두 물리친 후에 크게 울기 시작했다. 그 울음소리가 얼마나 큰지, 자기 집의 담을 넘어서 바로의 궁정에까지 들렸다. 애굽 사람들이 다 들은 것이다. 20여 년이나 쌓인 감정이니 오죽했겠는가? 요셉은 그동안 쌓아 둔 모든 울분을 다 토해 냈다.

물론 요셉은 애굽의 총리로서 누구도 넘볼 수 없는 막강한 힘과 권력을 갖고 있었다. 또한 명철과 지혜와 굳은 의지로 모두에게 존경을 받고 있었다. 하지만 태산처럼 커 보이기만 하던 요셉 안에는 채색옷을 입고 있던 어린 소년이 숨어 있었다. 그리고 채색옷이 벗겨진 후 종의 옷을 입고 살면서 겪었던 설움과 죄수의 옷을 입고 옥살이를 하면서 경험했던 울분이 들어 있었다. 겉으로는 모든 사람에게 인정과 존경을 받는 애굽의 총리였으나, 그의 내면에는 아직 해결되지 않은 어두운 과거가 분노와 함께 잠자고 있었던 것이다. 그는 드디어 그 어두운 감정을 형제들 앞에서 표출하고 있다. 이 시간이야말로 요셉이 진정으로 치유 받는 시간이요, 형제들과 진심으로 화해하는 시간이었다.

감정을 잘 관리한 요셉

요셉의 모습을 보면서 가장 크게 도전을 받은 것은 그의 감정 관리다. 그가 형들을 만날 때마다 보여 주었던 감정 관리는 우리가 배워야 할 참으로 중요한 덕목이다. 만일 요셉이 감정을 잘 관리하지 못했더라면 과연 형들과 잘 화해할 수 있었을까? 아마 이처럼 좋은 결과는 얻지 못했을 것이다. 이 모든 것은 요셉이 감정을 잘 관리한 결과였다.

"그들이 서로 말하되 우리가 아우의 일로 말미암아 범죄하였도다 그가 우리에게 애결할 때에 그 마음의 괴로움을 보고도 듣지 아니하였으므로 이 괴로움이 우리에게 임하도다 르우벤이 그들에게 대답하여 이르되 내가 너희에게 그 아이에 대하여 죄를 짓지 말라고 하지 아니하였더냐 그래도 너희가 듣지 아니하였느니라 그러므로 그의 핏값을 치르게 되었도다 하니 그들 사이에 통역을 세웠으므로 그들은 요셉이 듣는 줄을 알지 못하였더라 요셉이 그들을 떠나가서 울고 다시 돌아와서 그들과 말하다가 그들 중에서 시므온을 끌어내어 그들의 눈앞에서 결박하고"(창 42:21-24).

이는 요셉이 형들을 처음 대면했을 때의 기록이다. 요셉이 형들을 처음 만났을 때 얼마나 복잡한 감정이 일었을까? 하지만 그는 감정을 절제하고 형들을 정탐꾼으로 몰았다. 그리고 그들을 옥에 3일 동안 가둬서 자신들이 지은 죄를 서로 공론화할 수 있는 기회를 주었다. 요셉의 형들은 드디어 비밀의 문을 열고 서로 대화를 나누기 시작했다. 그들은 자신들이 지금 겪고 있는 옥고가 요셉을 애굽에 종으로 판 일과 연관되어 있음을 직감했다. 그들은 "우리가 아우의 일로 말미암아 범죄하였도다 그가 우리에게 애결

할 때에 그 마음의 괴로움을 보고도 듣지 아니하였으므로 이 괴로움이 우리에게 임하도다"라고 말했다. 이때부터 요셉의 형들 안에는 서서히 죄에 대한 인식이 살아나기 시작했다. 그때 맏형 르우벤은 자신의 말을 듣지 않았던 동생들을 향해, "그러므로 그의 핏값을 치르게 되었도다"라고 말했다.

그 당시 요셉은 그들이 하는 말을 다 듣고 있었다. 하지만 형들은 애굽의 총리였던 요셉이 통역관을 세워서 대화를 했기에 자기들의 대화를 다 듣고 있는지 알지 못했다. 요셉은 그들의 대화를 들으면서 자신이 애굽의 종으로 팔려 오게 된 과정을 알게 되었다. 그때 요셉의 감정이 얼마나 힘들었을까? 형들에 의해서 채색옷이 벗겨지고 구덩이에 던져졌을 때, 요셉은 처음으로 죽음의 공포를 느꼈을 것이다. 그 후에 노예로 팔려서 상인과 함께 애굽까지 먼 길을 고통 중에 걸어왔던 일이 떠올랐을 것이다. 그리고 마침내 애굽에 도착해서 보디발에게 팔려 종의 옷을 입고 노예 생활을 시작했던 일이 주마등같이 지나갔을 것이다. 그때 요셉의 나이는 겨우 열일곱이었다. 얼마나 분노와 울분과 외로움과 그리움에 몸부림 쳤을까? 하지만 요셉은 그 감정에 휘말리지 않았다. 그는 차분히 형들이 회개할 수 있도록 모든 일을 지혜롭게 잘 처리해 나갔다.

형들이 베냐민을 데리고 두 번째 애굽에 왔을 때, 요셉은 베냐민이 함께 온 것을 보고 너무 좋아서 그들을 자기 집으로 초대하여 극진히 환대했다. 그때 요셉은 자기 동생 베냐민을 보자 마음이 복받쳐 오르기 시작했다. 이때에도 요셉은 감정을 관리해야 했다.

"요셉이 눈을 들어 자기 어머니의 아들 자기 동생 베냐민을 보고 이르되 너희가 내게 말하던 너희 작은 동생이 이 아이냐 그가 또 이르되 소자여 하나님이 네게 은혜 베푸시기를 원하노라 요셉이 아우를 사랑하는 마음이 복받쳐 급히 울 곳을 찾아 안방으로 들어가서 울고 얼굴을 씻고 나와서 그 정을 억제하고 음식을 차리라 하매"(창 43:29-31).

요셉은 복받치는 눈물을 숨기기 위해 자기 안방에 들어가 실컷 울었다. 그리고 얼굴을 씻고 나와서 형들에게 음식을 접대했다. 그때에도 요셉은 '정을 억제'했다. 이처럼 요셉은 감정을 잘 조절하고 관리했다. 요셉은 감정 때문에 사리 분별에 문제가 생기기를 원치 않았다. 그는 감정을 잘 조절하여 지혜롭게 하나님의 일을 성취해 나갔다. 그리고 드디어 감정을 표출할 수 있는 기회가 주어지자, 그는 숨김없이 자신의 감정을 다 쏟아 냈다. 그렇게 함으로써 자신의 아픔을 치유했을 뿐만 아니라, 형들과도 온전히 화해할 수 있는 기회를 마련했다. 참으로 놀라운 일이다.

하나님의 섭리를 선포하는 요셉

"요셉이 그 형들에게 이르되 나는 요셉이라 내 아버지께서 아직 살아 계시니이까 형들이 그 앞에서 놀라서 대답하지 못하더라 요셉이 형들에게 이르되 내게로 가까이 오소서 그들이 가까이 가니 이르되 나는 당신들의 아우 요셉이니 당신들이 애굽에 판 자라 당신들이 나를 이곳에 팔았다고 해서 근심하지 마소서 한탄하지 마소서 하나님이 생명을 구원하시려고 나를 당신들보다 먼저 보내셨나이다"(창 45:3-5).

자신의 신분을 공개하는 요셉

실컷 울고 난 후에 요셉은 형들에게 자신의 신분을 공개한다.

"나는 요셉이라 내 아버지께서 아직 살아 계시니이까"(창 45:3).

형들은 애굽의 총리가 자신들이 팔았던 요셉이라는 말을 듣고는 어안이 벙벙해서 아무 말도 할 수 없었다. 그러자 요셉은 형들을 더 가까이 오게 한 후에 "나는 당신들의 아우 요셉이니 당신들이 애굽에 판 자"라고 말한다. 순간 요셉 앞에 있던 열한 명의 형제는 눈이 휘둥그레지면서 놀라서 입을 다물지 못한다. 그때 요셉이 두 가지를 말한다. 첫째는, '나를 팔았다고 해서 근심하지 말라'는 것이다. 요셉이 형들의 악행을 언급한 것은 그들을 공격하기 위해서가 아니라, 그들을 용서하기 위함이었다. 형들이 그를 노예로 팔아넘긴 사건에 대한 언급이야말로 20여 년이라는 긴 시간의 공백을 메워 주고, 그간 잃어버렸던 요셉의 정체성을 되찾는 시간이었다. 둘째는, 하나님의 섭리를 이야기했다.

"하나님이 생명을 구원하시려고 나를 당신들보다 먼저 보내셨나이다"(창 45:5).

요셉은 자신이 발견한 하나님의 섭리를 형들에게 나누고 있다. 자기 자신이 요셉임을 밝혔다면 할 이야기가 얼마나 많았겠는가? 그동안 어떻게 살았는지, 자녀는 얼마나 두었는지, 해야 할 이야기가 많았을 것이다. 그런데 요셉은 아버지의 안부를 잠시 물은 후에 급하게 하나님의 섭리에 대해서 말하기 시작한다. 그만큼 요셉은 자신이 애굽의 총리가 된 것은 다 하나님의 섭리 가운데 이루어진 일임을 늘 인식하며 살았던 것이다.

하나님의 섭리를 공개하는 요셉

요셉은 언제부터 하나님의 섭리를 알게 되었을까? 그것은 요셉이 자신의 채색옷이 벗겨지고 애굽의 노예로 팔려 오면서부터 묵상한 주제였을 것이다. 그가 종의 옷을 입고 노예 생활을 할 때나 죄수의 옷을 입고 옥살이를 하면서도 고난과 슬픔에 함몰되지 않고 하나님과 동행하면서 형통한 자가 되었던 이유가 바로 여기에 있지 않았을까? 그가 바로의 꿈을 해석하면서 애굽의 총리가 되어 세마포 옷을 입었을 때, 그는 자신이 꾼 꿈이 무엇을 의미하는지 정확하게 알았다. 또한 두 아들을 낳아 그 이름을 '므낫세'와 '에브라임'이라 지으면서 자신이 애굽의 총리로서 해야 할 사명이 무엇인지를 다시 한번 확인했다. 그래서 식량을 구하러 온 형들과 처음 만났을 때, 요셉은 자신이 전에 꾸었던 꿈을 생각했다.

"요셉은 그의 형들을 알아보았으나 그들은 요셉을 알아보지 못하더라 요셉이 그들에게 대하여 꾼 꿈을 생각하고"(창 42:8-9).

마침내 형들이 회개한 것을 확인했을 때, 그는 자신의 신분을 공개하면서 그들을 용서하고 그들과 화해를 시도한다. 그리고 이때 하나님의 섭리가 무엇인가를 형제들에게 선포하면서 그 뜻을 같이 이루고자 한다. 요셉은 형들에게 하나님의 섭리를 계속 강조하고 있다.

"이 땅에 이 년 동안 흉년이 들었으나 아직 오 년은 밭갈이도 못하고 추수도 못할지라 하나님이 큰 구원으로 당신들의 생명을 보존하고 당신들의 후손을 세상에 두시려고 나를 당신들보다 먼저 보내셨나니 그런즉 나를 이리로 보낸 이는 당신들이 아니요 하나님이시라 하나님이 나를 바로에게 아버지로 삼으시고 그 온 집의 주로 삼으시며 애굽 온 땅의 통치자로 삼으셨나이다 당신들은 속히 아버지께로 올라가서 아뢰기를 아버지의 아들 요셉의 말에 하나님이 나를 애굽 전국의 주로 세우셨으니 지체 말고 내게로 내려오사 아버지의 아들들과 아버지의 손자들과 아버지의 양과 소와 모든 소유가 고센 땅에 머물며 나와 가깝게 하소서 흉년이 아직 다섯 해가 있으니 내가 거기서 아버지를 봉양하리이다 아버지와 아버지의 가족과 아버지께 속한 모든 사람에게 부족함이 없도록 하겠나이다 하더라고 전하소서"(창 45:6-11).

요셉은 이제 시작된 기근이 앞으로 5년 동안 더 지속될 것이라 말한다. 또한 속히 아버지에게 가서 자신이 애굽의 총리가 되어 있다는 사실을 알리고, 지체 말고 온 가족과 가축들을 데리고 와서 애굽의 고센 땅에 정착하라고 말한다. 그러면 자신이 아버지와 온 가족을 정성껏 봉양하겠다는 것이다.

"당신들은 내가 애굽에서 누리는 영화와 당신들이 본 모든 것을 다 내 아버지께 아뢰고 속히 모시고 내려오소서"(창 45:13).

요셉의 말을 들은 형제들은 그제야 애굽의 총리가 진짜 요셉임을 믿게 되었다. 이어서 베냐민과 요셉이 목을 안고 울었고, 다른 형제들도 요셉과 입을 맞추며 그제야 요셉과 말하기 시작했다. 드디어 요셉과 형제들 간에 진정한 화해가 일어난 것이다. 요셉은 형들이 충분히 회개한 것을 확인했기에 더 이상 그들에게 죄를 묻지 않았다. 요셉과 그의 형제들은 이제야 과거의 묶인 삶을 내려놓고 마음껏 울고 웃으면서 앞으로의 비전을 나누게 되었다. 참으로 아름다운 모습이다.

5부

새 옷을 벗고
영원히 잠든 요셉

1

야곱과
요셉의 해후

"그들이 애굽에서 올라와 가나안 땅으로 들어가서 아버지 야곱에게
이르러 알리어 이르되 요셉이 지금까지 살아 있어 애굽 땅 총리가 되
었더이다 야곱이 그들의 말을 믿지 못하여 어리둥절하더니 그들이
또 요셉이 자기들에게 부탁한 모든 말로 그에게 말하매 그들의 아버
지 야곱은 요셉이 자기를 태우려고 보낸 수레를 보고서야 기운이 소
생한지라 이스라엘이 이르되 족하도다 내 아들 요셉이 지금까지 살
아 있으니 내가 죽기 전에 가서 그를 보리라 하니라"(창 45:25-28).

야곱은 애굽에서 돌아온 아들들로부터 20여 년 전에 죽은 줄만
알았던 요셉이 살아 있다는 소식과 함께 그가 애굽의 총리라는 놀
라운 소식을 듣는다. 악한 짐승에게 먹힌 줄만 알았던 요셉이 대
제국 애굽의 총리가 되어 살아 있다니, 너무 놀란 야곱은 도무지
믿을 수 없어 어안이 벙벙했을 것이다. 밖에 나가 보니 요셉이 아
버지 야곱을 태우려고 보낸 수레와 온갖 선물들이 있었다. 수나귀

열 필에는 애굽의 아름다운 물품이 실려 있었고, 암나귀 열 필에
는 야곱이 애굽으로 내려갈 때 먹을 곡식과 떡과 양식이 가득 실
려 있었다(창 45:23 참조). 그 수레는 가나안 땅에서는 볼 수 없는 고
품격 수레였다. 요즘으로 말하자면 최고급 자동차에 귀한 선물들
이 가득 실려 온 것이었다. 믿을 수 없는 이야기의 증거가 야곱의
눈앞에 놓인 것이다.

이를 본 야곱은 '기운이 소생했다'. 여기서 '기운'이라고 번역
된 '루아흐'는 '마음', '영'이라는 뜻이다. '소생하다'라는 말은 '다
시 살다'라는 것을 의미한다. 야곱의 마음이 회복되어서 마치 젊
은 사람처럼 다시 활력을 되찾게 되었다는 것이다. 야곱은 "족하
도다 내 아들 요셉이 지금까지 살아 있으니 내가 죽기 전에 가서
그를 보리라"라고 말한다. 그는 요셉이 살아 있다는 소식만으로
도 충분했다. 우울했던 지난 20여 년의 삶이 드디어 끝나고, 새로
운 미래를 향해 나아가게 된 것이다.

하나님의 뜻을 묻는 야곱

이제 야곱은 꿈에도 그리던 요셉을 만나기 위해서 애굽으로 이
주한다. 이때 야곱은 요셉을 만날 수 있다는 기쁜 마음을 가지고
애굽으로 향했겠지만, 자신이 평생 이룬 것을 다 내려놓고 떠나
야 했기 때문에 고민이 많았을 것이다. 또한 노후에 새로운 환경

에 적응해야 한다는 것도 큰 두려움의 요소가 되었을 것이다. 특히 자신이 살던 가나안은 하나님이 아브라함 때부터 허락하신 땅이었으므로 떠난다는 것이 마음에 큰 부담이었을 것이다. 기근만 아니었다면 야곱은 온 가족을 이끌고 애굽으로 향하지 않았을 것이다. 잠시 요셉을 보기 위해 애굽에 머물다 돌아왔을 것이다. 이런 복잡한 마음이었기에, 야곱은 애굽으로 들어가기 전에 '브엘세바'에서 희생 제사를 드리며 하나님의 뜻을 물었다.

"이스라엘이 모든 소유를 이끌고 떠나 브엘세바에 이르러 그의 아버지 이삭의 하나님께 희생 제사를 드리니"(창 46:1).

브엘세바에서의 희생 제사

본문은 야곱을 '이스라엘'로 부르고 있다. 이것은 야곱이 온 가족을 이끌고 애굽으로 이주하는 것이 야곱 개인의 일이 아니라 이스라엘이라는 한 민족의 태동을 의미하기 때문이다. 지금 야곱과 함께 애굽으로 내려가고 있는 사람들은 단순한 야곱의 자손들이 아니다. 이들은 애굽에서 큰 민족을 이루어 출애굽할 이스라엘의 자손들이다. 때문에 창세기 기자는 야곱의 이름을 이스라엘이라 부르고 있다. 야곱은 가족과 함께 애굽으로 내려가다가 '브엘세바'에서 잠시 쉬면서 하나님께 희생 제사를 드렸다. 이곳은 야곱이 살고 있던 헤브론에서 약 36킬로미터 정도 떨어진 곳으로서 가나안 땅의 남쪽 경계가 되는 곳이다. 일반적으로 이스라엘의 영토를 말할 때 "단에서부터 브엘세바까지"(삿 20:1)라는 말을 많이 사용하는데, 바로 이곳을 말한다.

야곱이 브엘세바에서 제사를 드린 것은 비단 이곳이 가나안의 경계 지점이기 때문만은 아니다. 브엘세바는 이스라엘에게 있어 대단히 중요한 의미가 있는 곳이었다. 먼저 아브라함이 이삭을 얻은 뒤 당시 지도자인 아비멜렉과 평화 조약을 맺을 때 처음 '브엘세바'라는 이름이 성경에 등장한다. 아브라함은 하나님께 제단을 쌓고 그곳에 체류했다. 브엘세바라는 지명은 아브라함이 지은 것으로 '맹세의 우물', '언약의 우물'이라는 의미다. 그 후로도 브엘세바는 이스라엘 민족에게 특별한 곳이 되었다. 이삭은 그곳에서 하나님께 제단을 쌓았으며, 그 주변 지역에서 우물을 파고 살았다(창 26:25 참조). 때문에 브엘세바는 야곱의 어린 시절의 추억이 깃든 곳이었다. 야곱과 그의 형 에서의 갈등도 여기서 시작되었으며, 야곱이 형을 피해 외삼촌 라반의 집으로 가는 여정의 출발 지점도 이곳이었다(창 28:10 참조). 이처럼 브엘세바는 이스라엘 역사에서 대단히 중요한 곳이었으며, 야곱 개인에게도 상당히 의미 있는 곳이었다. 그래서 그는 이곳에서 하나님과의 영적인 언약을 기억하며 애굽으로 내려가기 전에 하나님께 희생 제사를 드린 것이다.

그렇다면 '희생 제사'란 무엇일까? 이는 하나님께 소나 양, 비둘기와 같은 짐승을 드리며 죄를 속하거나 감사를 드리는 고대 이스라엘의 엄숙하고 중요한 예배 의식이었다. 본문에서는 '희생'

이라는 단어가 복수로 기록되어 있다. 이는 야곱이 여러 번의 제사를 드렸다는 것이다. 거듭해서 제사를 드리는 야곱의 모습은 하나님의 임재를 기다리는 그의 간절한 마음이 잘 느껴지는 부분이다. 야곱은 기근 때문에 애굽으로 내려가고 있지만, 하나님의 분명한 뜻을 알고 싶었다. 그래서 희생 제사를 연거푸 드리며 하나님의 뜻을 묻고 있는 것이다. 하나님은 이미 아브라함에게 이런 일이 있을 것이라고 예언하셨는데 야곱은 그 말씀을 잊고 있었다(창 15:13-14 참조). 이에 하나님이 밤에 환상 중에 야곱에게 나타나셨다.

> "그 밤에 하나님이 이상 중에 이스라엘에게 나타나 이르시되 야곱아 야곱아 하시는지라 야곱이 이르되 내가 여기 있나이다 하매 하나님이 이르시되 나는 하나님이라 네 아버지의 하나님이니 애굽으로 내려가기를 두려워하지 말라 내가 거기서 너로 큰 민족을 이루게 하리라 내가 너와 함께 애굽으로 내려가겠고 반드시 너를 인도하여 다시 올라올 것이며 요셉이 그의 손으로 네 눈을 감기리라 하셨더라"(창 46:2-4).

하나님이 야곱의 이름을 두 번 부르신 것은 그만큼 야곱과의 친밀함을 드러내신 것이다. 야곱이 "내가 여기 있나이다"라고 대답하자 하나님은 당신을 "나는 하나님이라 네 아버지의 하나님이니"라고 소개하면서 "애굽으로 내려가기를 두려워하지 말라 내가 거기서 너로 큰 민족을 이루게 하리라"라고 말씀하신다. 이는 하나님이 아브라함에게 예언하신 말씀을 야곱의 때에 실행하시겠다는 의미이다. 애굽으로 내려가는 것은 야곱의 후손들을 통하여 큰 민족을 이루시려는 하나님의 계획이었다. 지금 야곱은 하나님의 놀라운 계획을 실행하고 있는 것이다. 또한 하나님은 "내가 너와 함께 애굽으로 내려가겠고 반드시 너를 인도하여 다시 올라올 것이며 요셉이 그의 손으로 네 눈을 감기리라"라고 말씀하심으로 야곱을 안심시키신다. 이는 애굽으로의 이주가 아브라함에게 약속하신 그 일을 성취하기 위한 하나님의 뜻임을 야곱에게 말씀하시는 것이다. 이로써 야곱은 복잡한 마음을 내려놓고 힘차게 애굽을 향해 나아갈 수 있었다.

"야곱이 브엘세바에서 떠날새 이스라엘의 아들들이 바로가 그를 태우려고 보낸 수레에 자기들의 아버지 야곱과 자기들의 처자들을 태우고 그들의 가축과 가나안 땅에서 얻은 재물을 이끌었으며 야곱과 그의 자손들이 다함께 애굽으로 갔더라 이와 같이 야곱이 그 아들들과 손자들과 딸들과 손녀들 곧 그의 모든 자손을 데리고 애굽으로 갔더라"(창 46:5-7).

야곱과 요셉의 해후

"야곱이 유다를 요셉에게 미리 보내어 자기를 고센으로 인도하게 하고 다 고센 땅에 이르니 요셉이 그의 수레를 갖추고 고센으로 올라가서 그의 아버지 이스라엘을 맞으며 그에게 보이고 그의 목을 어긋맞춰 안고 얼마 동안 울매 이스라엘이 요셉에게 이르되 네가 지금까지 살아 있고 내가 네 얼굴을 보았으니 지금 죽어도 족하도다"(창 46:28-30).

야곱과 함께 애굽으로 온 자손은 모두 70명이었다(창 46:27 참조). 야곱은 유다를 미리 요셉에게 보내어 자기와 가족들을 고센으로 인도하게 했고, 드디어 고센에서 23년 만에 아들과 아버지의 재회가 이루어졌다. 정말 긴 세월이 아닐 수 없다. 재미있는 것은 울고 통곡하는 이가 야곱이 아니라 요셉이라는 점이다. 성경의 기자는 요셉이 아버지 야곱을 안고 펑펑 우는 모습은 기록했지만, 야곱의 반응에 대해서는 함구하고 있다. 다만 창세기 기자는 독자들에게 펑펑 우는 요셉을 안고 멍하니 서 있는 야곱의 모습을 상상하게 한다. 야곱은 요셉의 피 묻은 채색옷을 손에 들고 슬피 울며 통곡한 후에 요셉을 마음에 묻고 슬픔 속에서 인생을 살아왔다. 그런데 왜 지금 야곱은 요셉처럼 통곡하며 눈물을 흘리지 않는 것일까?

이는 야곱이 브엘세바에서 제사를 드리고 하나님을 만난 후에 자신이 경험했던 과거의 모든 일을 하나님의 관점으로 재해석했을 가능성을 시사하고 있다. 야곱은 요셉이 열일곱 살에 꾸었던 꿈을 회상했을 것이다. 또한 형들에 의해 요셉이 애굽의 종으로 팔려 갔다는 사실과 지난 23년간 요셉을 잃어버렸다고 생각하며 산 세월이 다 하나님의 섭리였음을 깨달았을 것이다. 이 기간 동안 하나님이 요셉을 애굽의 총리로 세우셨고, 아브라함에게 약속하신 대로 자기 후손들을 애굽에서 큰 민족이 되도록 인도하신 것을 깨달은 것이다. 때문에 야곱은 더 이상 눈물을 흘리지 않았다. 다만 하나님이 그동안 하신 일을 담담하게 받아들일 뿐이었다. 야곱에게 요셉이 달려와 안겼을 때, 야곱의 눈은 하늘의 하나님을 향해 있었을 것이다. 야곱은 하나님의 위대하심을 찬양하면서 그분의 나라를 바라보았을 것이다. 그동안 요셉은 잃어버렸던 것이 아니라 하나님의 손에 있었다. 요셉은 오랜만에 만난 아버지를 안고 통곡했지만, 이제야 하나님의 언약을 기억한 야곱은 하나님 앞에 진심으로 감사와 경배를 올렸을 것이다.

고센에 정착한 야곱과 자손들

"요셉이 그의 형들과 아버지의 가족에게 이르되 내가 올라가서 바로에게 아뢰어 이르기를 가나안 땅에 있던 내 형들과 내 아버지의 가족이 내게로 왔는데 그들은 목자들이라 목축하는 사람들이므로 그들의 양과 소와 모든 소유를 이끌고 왔나이다 하리니 바로가 당신들을 불러서 너희의 직업이 무엇이냐 묻거든 당신들은 이르기를 주의 종들은 어렸을 때부터 지금까지 목축하는 자들이온데 우리와 우리 선조가 다 그러하니이다 하소서 애굽 사람은 다 목축을 가증히 여기나니 당신들이 고센 땅에 살게 되리이다"(창 46:31-34).

요셉이 자기 가족을 고센에 정착시킨 이유는 여러 가지다. 첫째, 고센 땅은 나일강 하류에 위치하여 목초지가 풍부해 가축을 키우기에 적합한 곳이었다. 둘째, 국경 지대에 위치하여 후일 출애굽을 할 때 빠르고 편리하게 출발할 수 있는 지역이었다. 셋째, 애굽 본토에서 어느 정도 격리되어 있었기에 애굽의 문화와 종교적 영향에서 벗어날 수 있었다. 이곳에서 이스라엘 민족은 고유한 혈통을 지키며 유일신 하나님에 대한 신앙과 문화를 발전시킬 수 있었다.

이스라엘은 하나님으로부터 선택받은 민족이었다. 따라서 애굽의 종교와 문화에 영향을 받지 않고 이스라엘 백성만의 고유한 혈통을 유지하면서 여호와 하나님만을 섬기는 것이 가장 중요한 일이었다. 요셉은 이를 잘 알고 있었기에 자기 민족을 고센 땅에 정착시켰던 것이다. 만일 이스라엘 자손들이 애굽인들과 섞여 살았다면, 그들은 큰 민족을 이루기도 전에 애굽의 종교와 문화에 흡수되었을지도 모른다. 자기 민족을 고센 땅으로 인도한 요셉은 그곳에서 이스라엘 민족이 언약 백성으로서의 정체성과 순수성을 잘 보존하며 성장하기를 소망했다. 이처럼 요셉은 먼 미래를 볼 줄 아는 사람이었다. 그는 하나님이 자신을 애굽의 총리로 세운 이유가 바로 여기에 있음을 잘 알고 있었다. 그는 이렇게 기도하면서 자신의 사명을 감당해 나갔다.

2

야곱의
장례식

야곱은 가족과 함께 애굽으로 내려와 고센 땅에 정착하여 17년을
살다가 147세에 하나님의 부르심을 받는다(창 47:28 참조). 야곱은
그전에 열두 아들을 일일이 축복한 뒤(창 49:28 참조), 자신의 시신을
아브라함과 그의 아내 사라가 장사된 가나안 땅의 마므레 앞 막
벨라 밭에 장사하기를 거듭 당부한다. 그 후에 하나님의 부르심을
받는다.

"그 발을 침상에 모으고 숨을 거두니 그의 백성에게로 돌아갔더
라"(창 49:33).

야곱의 장례식

야곱의 임종을 지켜보던 요셉은 야곱이 죽자 슬퍼하면서 모든 장례 절차를 주관한다. 야곱은 하나님이 약속하신 대로 요셉의 품에서 하나님의 부르심을 받았다.

"요셉이 그의 아버지 얼굴에 구푸려 울며 입맞추고 그 수종 드는 의원에게 명하여 아버지의 몸을 향으로 처리하게 하매 의원이 이스라엘에게 그대로 하되 사십 일이 걸렸으니 향으로 처리하는 데는 이 날수가 걸림이며 애굽 사람들은 칠십 일 동안 그를 위하여 곡하였더라"(창 50:1-3).

야곱이 죽자 요셉은 복받쳐 오르는 슬픔을 인하여 죽은 아버지 얼굴에 엎드려 울며 입을 맞추었다. 이어서 요셉은 주치의에게 명하여 '아버지의 몸을 향으로 처리하도록' 했다. 본래 이것은 애굽의 관습이었다. 당시 애굽 사람들은 사람이 죽은 후에 혼이 다시 몸으로 돌아온다고 생각했기에 미라를 만드는 기술이 특별히 발달해 있었다. 요셉이 이런 애굽의 관습을 따른 것은, 야곱의 시신을 잘 보존해서 가나안 막벨라의 가족무덤까지 잘 이동하기 위한 것이었다.

야곱의 시신에 대한 방부 처리가 끝나자 그때부터 "애굽 사람들은 칠십 일 동안 그를 위하여 곡하였더라"라고 기록하고 있다.

그 당시 애굽의 왕이 죽었을 때 큰 소리를 내며 우는 공식 애도 기간이 72일이었다고 한다. 야곱은 거의 왕과 비슷한 수준의 예우를 받은 것이다. 이것은 그 당시 요셉의 사회적 지위가 얼마나 높았는지를 추측하게 한다. 곡하는 기간이 끝나자 요셉은 가나안 땅에 가서 아버지 야곱의 장례를 치를 수 있도록 바로왕의 허락을 받는다.

"곡하는 기한이 지나매 요셉이 바로의 궁에 말하여 이르되 내가 너희에게 은혜를 입었으면 원하건대 바로의 귀에 아뢰기를 우리 아버지가 나로 맹세하게 하여 이르되 내가 죽거든 가나안 땅에 내가 파 놓은 묘실에 나를 장사하라 하였나니 나로 올라가서 아버지를 장사하게 하소서 내가 다시 오리이다 하라 하였더니 바로가 이르되 그가 네게 시킨 맹세대로 올라가서 네 아버지를 장사하라"(창 50:4-6).

왕의 허락을 받은 요셉은 애굽의 모든 신하와 궁의 원로들과 함께 가나안 땅으로 가서 야곱이 당부한 대로 가나안 땅 마므레 앞 막벨라 밭 굴에 그를 장사했다. 그때 야곱의 장례 행렬을 따르는 무리가 얼마나 많았는지, 성경에는 "병거와 기병이 요셉을 따라 올라가니 그 떼가 심히 컸더라"(창 50:9)라고 기록되어 있다. 장례식이 어떻게 이루어졌는지는 성경에 아무 기록이 없지만, 아마 성대한 장례식이 이루어졌으리라 생각한다. 이 모습을 지켜본 가나안 사람들은 "애굽 사람의 큰 애통이라 하였다"라고 기록하고 있다(창 50:11 참조). 야곱의 장례식을 마친 요셉과 그의 가족은 다시 고센 지방으로 돌아와 충실히 생업에 임했다. 야곱이라는 거목이 쓰러지고 그 땅에는 이제 새로운 시대가 열린 것이다. 하나님은 야곱에게 열두 아들을 허락하여 훗날 이스라엘의 열두 지파를 이루게 하셨으며, 애굽에서 큰 민족을 이룰 수 있도록 야곱을 통로로 사용하셨다. 야곱은 자신에게 주어진 사명을 다한 후에 요셉의 품 안에서 평안히 하나님의 부르심을 받았다.

야곱의 묘비명

사람이 죽으면 묘비가 세워지고, 그 묘비에는 그 사람의 생애를 간략하게 요약한 묘비명이 기록된다. 그런데 야곱의 무덤에는 어떤 묘비명이 새겨졌는지 성경에는 아무런 기록이 없다. 과연 어떤 묘비명이 기록되었을까? 한번 상상해 보자. 당신이 야곱의 묘비명을 기록한다면 어떤 내용으로 기록하겠는가?

'험악한 세월을 보낸 자, 여기 잠들다'

야곱은 많은 복을 누리며 살았다. 물론 그에게도 여러 번 생의 위기가 찾아왔지만, 하나님의 은혜로 잘 극복했다. 특별히 야곱의 말년은 요셉으로 말미암아 큰 복을 받은 것이 사실이다. 야곱의 운구 행렬만 보더라도 그 사실을 알 수 있다. 그러나 우리의 판단보다는 야곱 스스로가 자기 인생을 어떻게 평가했는지가 중요하지 않을까? 야곱이 애굽의 바로왕을 만나서 한 고백을 보자.

"바로가 야곱에게 묻되 네 나이가 얼마냐 야곱이 바로에게 아뢰되 내 나그네 길의 세월이 백삼십 년이니이다 내 나이가 얼마 못 되니 우리 조상의 나그네 길의 연조에 미치지 못하나 험악한 세월을 보내었나이다 하고"(창 47:8-9).

야곱은 바로왕에게 '험악한 세월을 보냈다'라고 고백하고 있다. 이 말은 야곱 스스로 자기 인생을 평가한 내용이다. 그러므로 우리는 이 사실을 존중해야 한다. 야곱의 삶을 되돌아보면 이 고백은 근거 없는 것이 아님을 알 수 있다. 그는 참으로 험악하고 순탄하지 않은 삶을 살았다. 그는 자신의 욕망 때문에 그 누구보다도 많은 시련과 연단을 받아야 했다. 때문에 만일 야곱의 무덤 앞에 묘비명을 적는다면 나는 그가 고백한 대로, '험악한 세월을 보낸 자, 여기 잠들다'라고 적고 싶다.

나의 묘비명은

이제 관심을 우리 자신에게 돌려 보자. 우리가 죽으면 어떤 묘비명이 새겨질까? 이에 대해서 생각해 본 적이 있는가? 미국 매사추세츠주 브랜다이스대학교(Brandeis University)에서 평생 사회학을 가르친 모리 슈워츠(Morrie S. Schwartz) 교수가 죽음을 앞두고 매주

화요일마다 한 제자와 만나 나눈 대화가 《모리와 함께한 화요일》
이라는 책으로 출간된 바 있다.* 그 책에서 모리 교수는 자기 제자
에게 이런 말을 했다.

> 어떻게 죽어야 할지 배우게 되면 어떻게 살아야 할지도 배울
> 수 있다네. 그리고 언제든지 죽을 준비를 하면 더 적극적인 삶
> 을 살 수 있어.

그는 먼저 어떻게 죽어야 할지를 배우라고 말한다. 죽음을 생
각한다는 것은 자신의 삶을 되돌아볼 수 있는 좋은 기회가 되기
때문이다. 무엇보다도 진지하게 자신의 삶을 평가하면서 미래를
계획할 수 있기 때문이다. 죽음은 마치 흑백 사진기처럼 삶에 진
정 중요한 것은 무엇이고, 그렇지 않은 것은 무엇인지를 명확히
짚어 주기 때문이다.

모리 교수는 또한 '모의 장례식'을 열어 사람들이 자신의 삶을
진지하게 생각해 볼 수 있도록 도왔다. 우리도 이처럼 상상 속에
서 '모의 장례식'을 열어 보자. 우리 몸은 좁은 칠성판 위에 꽁꽁
묶여 꺼슬꺼슬한 삼베 천으로 만든 수의를 입고 있다. 입관을 마
친 시신은 이제 장례식장 냉동고에 보관되고, 가족들은 장례식장
의 한 객실에서 영정 사진과 함께 조문객을 받는다. 누가 찾아와

---

* 미치 앨봄, 《모리와 함께한 화요일》(세종서적, 2003), pp.109-115 참조.

줄까? 조문을 온 이들은 국화 한 송이를 영정 사진 앞에 올려놓고 잠시 기도를 할 텐데, 어떤 기도를 할까? 죽은 나에 대해서는 어떤 말을 할까? 문상이 끝나고 식사하며 담소를 나눌 텐데, 그때 그들은 나의 죽음 앞에서 어떤 말을 주고받을까? 내 삶 중에서 어떤 단편을 기억하며 이야기를 나눌까?

존 웨슬리(John Wesley)와 찰스 웨슬리(Charles Wesley) 형제가 묻혀 있는 런던의 웨스트민스터 묘지에는 다음과 같은 글이 새겨져 있다고 한다. 첫째, '무엇보다 최고의 사실은 하나님이 우리와 함께하신다는 것이다!' 이 말은 존 웨슬리가 운명할 때 남긴 최후의 말이다. 둘째, '세계는 나의 교구다.' 이 말은 웨슬리 형제의 평생 신조였다. 지구 전체를 사랑하는 신앙이다. 셋째, '하나님은 당신의 종을 땅에 묻으시나 그 일을 계속하신다.' 하나님은 쉬지 않고 후대의 사람들을 통해 당신의 일을 지속해 나가실 것이라는 신념이다. 이것이 바로 웨슬리 형제의 인생이었다.

그런데 한 가지 기억해야 할 것이 있다. 묘비명이란 자신이 원하는 글귀가 새겨지는 것이 아니라, 다른 누군가에 의해 새겨진다는 사실이다. 아무리 듣고 싶은 말이나 글이 있다 하더라도 그 말과 글을 적어 달라고 말할 수는 없는 상황이다. 결국 우리가 평소에 만나는 사람들의 마음속에 새겨진 것들이 우리 각자의 묘비명이 될 것이다. 그렇다면 묘비명이란 죽어서 새겨지는 것이 아니라, 지금 만나는 사람들의 마음속에 새기는 것이라고 할 수 있다.

오래전 농촌 목회를 할 때 겪은 일이다. 주일 예배를 마치자 한

권사님이 점심 식사도 하지 않은 채 서둘러 나갔다. 무슨 일이 있는지를 물어도 대답이 없었다. 다른 교우들이 불쾌한 표정으로 나에게 말해 주었다. 그날은 그동안 추진해 오던 마을 길 포장 공사가 완공되면서 공덕비 제막식이 있는 날이었다. 어떤 이유에서인가 마을 사람들은 그 제막식에 모두 불참하기로 했는데, 그 권사님만 참석하겠다며 나갔다는 것이다. 왜 공덕비 제막식인데 마을 사람들이 불참하기로 결의했는지를 물었다. 이유인즉 그 공덕비가 잘못되었다는 것이다. 공덕비를 세우는 사람은 그 마을 출신으로서 도로포장 공사를 맡았던 건설 회사의 중견 간부인데, 자기 할아버지를 기리며 길가에 공덕비를 세우는 것이었다. 하지만 그의 할아버지는 동네 사람들이 다 아는 난봉꾼이었다. 그런데 손자가 출세했다고 자기 할아버지를 미화시켜서 공덕비를 세우는 것이었다. 때문에 동네 사람들은 그 공덕비 제막식에 불참하기로 결의했던 것이다. 그런데 공덕비가 세워진 날부터 그 공덕비는 수난을 겪기 시작했다. 때로는 붉은 페인트로 X자가 칠해지기도 했고, 때로는 진흙으로 뒤범벅이 되기도 했다.

묘비명이란 우리가 죽은 후에 석수장이가 새기는 것이 아니라, 지금 우리가 만나는 이들의 가슴속에 새기는 것이다. 당신은 지금 가족이나 가까운 사람들에게 무엇을 새기고 있는가? 야곱의 장례식을 보면서 내 앞에 세워질 묘비명을 생각해 본다.

3

용서의
재확인

야곱은 147세를 일기로 소천했고, 그 후 요셉은 110세를 일기로 하나님의 부르심을 받았다. 야곱의 죽음과 요셉의 죽음 사이에는 54년이라는 긴 시간차가 있다. 하지만 창세기 기자는 이 기간에 어떤 일이 있었는지를 함구한 채 요셉과 형제간에 있었던 갈등을 이야기한다.

형제들의 두려움

야곱의 장례식을 마치고 돌아온 요셉의 형들에게는 하나의 큰 걱정이 있었다. 요셉에 대한 두려움이었다. 아버지 야곱이 죽었으니 요셉이 참고 있던 분노를 깨워 복수를 시작할지도 모른다고 생각했던 모양이다. 요셉은 자기 형제들을 이미 용서했다. 그런데 요셉의 형제들은 아직 요셉이 진실로 자신들을 용서했는지 확신하지 못한 듯하다. 그들은 요셉이 자신들을 완전히 용서한 것이 아니라, 야곱 때문에 잠시 참는 것일 수도 있다고 생각했다. 아버지가 소천하셨으니 이제 본격적인 복수전이 벌어질지도 모른다고 생각한 것이다.

"요셉의 형제들이 그들의 아버지가 죽었음을 보고 말하되 요셉이 혹시 우리를 미워하여 우리가 그에게 행한 모든 악을 다 갚지나 아니할까 하고 요셉에게 말을 전하여 이르되 당신의 아버지가 돌아가시기 전에 명령하여 이르시기를 너희는 이같이 요셉에게 이르라 네 형들이 네게 악을 행하였을지라도 이제 바라건대 그들의 허물과 죄를 용서하라 하셨나니 당신 아버지의 하나님의 종들인 우리 죄를 이제 용서하소서 하매 요셉이 그들이 그에게 하는 말을 들을 때에 울었더라"(창 50:15-17).

복수에 대한 두려움

먼저 요셉의 형제들은 제삼자를 요셉에게 보내어 용서를 구한다. 아버지 야곱이 소천하자, 갑자기 요셉이 두려운 존재가 되었다. 그래서 직접 찾아가지 못하고 제삼자를 보낸 것이다. 그가 요셉에게 전한 말은 무엇일까? 바로 야곱이 남겼다는 확인되지 않은 유언이었다.

"당신의 아버지가 돌아가시기 전에 명령하여 이르시기를 너희는 이같이 요셉에게 이르라 네 형들이 네게 악을 행하였을지라도 이제 바라건대 그들의 허물과 죄를 용서하라 하셨나니 당신 아버지의 하나님의 종들인 우리 죄를 이제 용서하소서"(창 50:16-17).

요셉의 형들이 전하는 야곱의 유언은 성경에 기록되어 있지 않은 내용이다. 우리는 이 유언이 사실인지 정확히 확인할 길이 없다. 하지만 이 유언은 신빙성이 없어 보인다. 왜냐하면 형들은 가해자였고, 요셉은 피해자였다. 그런데 어떻게 가해자인 형들에게만 이러한 유언을 할 수 있었을까? 앞뒤가 맞지 않는다. 사실 이 유언은 용서의 주체자인 요셉이 직접 들었어야 할 내용이 아닌가? 만일 이런 유언이 필요했다면, 야곱이 직접 요셉에게 했을 것이다. 그러니 형들을 용서해야 한다는 아버지의 유언은 형들이 지어낸 이야기일 가능성이 크다.

왜 그들은 이런 이야기를 꾸며 낸 것일까? 아마도 요셉이 자신들을 용서한 것이 아버지 때문이었다고 생각한 것 같다. 만일 아버지가 없었더라면, 요셉은 결코 자신들을 용서하지 않았을 것이라 생각한 것이다. 그만큼 그들은 요셉을 잘 몰랐다. 요셉은 아버지의 유언을 꾸며 내면서까지 용서를 청하는 형들을 보면서 슬퍼한다. 자신은 이미 오래전에 형들을 용서했는데, 형들은 애굽으로 이주한 지난 17년 동안이나 죄책감과 두려움 속에서 살았던 것이다. 야곱이 죽으면 요셉이 언제든지 자신들에게 복수할 것이라 생각하며 살았던 것이다. 그러니 어찌 요셉의 눈에서 눈물이 나오지 않겠는가. 요셉은 깊은 슬픔에 빠졌다.

형들을 안심시키는 요셉

"그의 형들이 또 친히 와서 요셉의 앞에 엎드려 이르되 우리는 당신의 종들이니이다 요셉이 그들에게 이르되 두려워하지 마소서 내가 하나님을 대신하리이까"(창 50:18-19).

요셉으로부터 어떤 말도 듣지 못한 채 돌아간 제삼자는, 다만 '요셉이 당신들이 전해 준 말을 듣고 울더라'라는 말만 전했던 것 같다. 요셉이 울었다는 말에 용기를 얻은 그들이 요셉을 직접 찾아왔다. 그들은 요셉 앞에 엎드려서 사죄한다. 여기서 '엎드리다'에 해당하는 히브리어 '나팔'은 '무너지다'라는 뜻을 갖고 있다. 요셉의 형들은 요셉을 만나자마자 무너지듯이 납작 엎드려 용서를 구하며, "우리는 당신의 종들이니이다"라고 말한다. 요셉이 자신들에게 어떠한 징계를 내려도 달게 받겠다는 의미다.

이때 요셉은 그들에게 "두려워하지 마소서 내가 하나님을 대신하리이까"라고 말한다. 여기서 '대신하다'라는 말의 원어인 '타하트'는 전치사로서 '-을 대신하다'라는 뜻이다. 그러므로 '죄를 갚는 것은 하나님께 속한 것인데, 어찌 내가 하나님의 자리에 앉아 대신 형들을 심판할 수 있겠느냐'는 뜻이다. 요셉은 자신이 하나님을 대신하여 보복할 의사가 전혀 없음을 말한다. 이런 요셉의 태도는 우리가 본받아야 할 모습이다. 사도 바울도 그리스도인들이 요셉처럼 살아야 함을 여러 차례 권고했다.

"내 사랑하는 자들아 너희가 친히 원수를 갚지 말고 하나님의 진노하심에 맡기라 기록되었으되 원수 갚는 것이 내게 있으니 내가 갚으리라고 주께서 말씀하시니라"(롬 12:19).

하나님은 우리가 직접 원수를 갚는 일을 허락하지 않으셨다. 원수를 갚는 것은 하나님이 하실 일이다. 요셉은 자신이 형들에게 복수하는 일은 추호도 없을 것이라 말하면서, 이를 증명하기 위해 요셉의 형제들뿐 아니라 그의 자녀들까지 책임지겠다고 말한다.

"당신들은 나를 해하려 하였으나 하나님은 그것을 선으로 바꾸사 오늘과 같이 많은 백성의 생명을 구원하게 하시려 하셨나니 당신들은 두려워하지 마소서 내가 당신들과 당신들의 자녀를 기르리이다 하고 그들을 간곡한 말로 위로하였더라"(창 50:20-21).

요셉은 다시 한번 '당신들은 나를 해하려 하였으나 하나님은 그것을 선으로 바꾸셨다'며 하나님의 섭리를 강조하고 있다. 그러나 여전히 두려워하는 형들에게 그들의 자녀들까지 책임지겠다고 공언한 것이다. 이것은 요셉의 '간곡한' 위로였다. 여기서 '간곡한'이란 '그들의 마음 위에 말했다'라는 뜻이다. 다시 말해, 요섭은 형들이 충분히 이해하고 받아들일 수 있도록 말한 것이다. 이로써 요셉의 형제들은 두려워하던 마음을 내려놓고 요셉의 용서를 받아들였다. 이제야 그들은 진심으로 요셉과의 관계를 회복했으며, 애굽으로 인도하신 하나님의 섭리를 믿음으로 받아들였다. 이렇게 해서 요셉의 형제들과 그들의 자손들은 애굽에서 점차 번성하기 시작했다.

요셉의 눈물과 회복

그렇다면 한번 생각해 보자. 왜 요셉의 형들은 요셉의 용서를 의심했을까? 이미 요셉은 형들을 다 용서해 주었는데, 왜 형들은 그 용서를 진심으로 받아들이지 못했을까?

고백하지 못했던 형들의 죄

요셉이 형제들을 용서한 때로 잠시 돌아가 보자. 왜 요셉의 형제들이 요셉의 용서를 신뢰하지 못했는지를 알게 될 것이다.

"당신들이 나를 이곳에 팔았다고 해서 근심하지 마소서 한탄하지 마소서 하나님이 생명을 구원하시려고 나를 당신들보다 먼저 보내셨나이다 이 땅에 이 년 동안 흉년이 들었으나 아직 오 년은 밭갈이도 못하고 추수도 못할지라 하나님이 큰 구원으로 당신들의 생명을 보존하고 당신들의 후손을 세상에 두시려고 나를 당신들보다 먼저 보내셨나니 그런즉 나를 이리로 보낸 이는 당신들이 아니요 하나님이시라 하나님이 나를 바로에게 아버지로 삼으시고 그 온 집의 주로 삼으시며 애굽 온 땅의 통치자로 삼으셨나이다"(창 45:5-8).

요셉이 유다의 탄원을 들으면서 발견한 것은 형들의 변화였다. 요셉은 형들이 많이 변화되었음을 확인할 수 있었다. 그래서 그는 형들에게 자신의 신분을 공개하면서 "당신들이 나를 이곳에 팔았다고 해서 근심하거나 한탄하지 마소서"라고 말하며 그들을 용서해 주었다. 이때 요셉이 형들을 용서하고 있는 내용을 좀 더 자세히 살펴보자. 요셉이 형제들을 용서했을 때, 요셉과 형제들 사이에 그들이 저지른 죄에 대해서 구체적인 대화가 오갔는가? 아니다. 요셉과 형제들 사이에는 이에 대한 구체적인 대화가 없었다. 요셉은 형제들에게 일방적으로 용서를 선포한다. "당신들이 나를 이곳에 팔았다고 해서 근심하거나 한탄하지 마소서"라는 이 말은 형제들이 자신들의 죄를 자복했기에 한 말이 아니었다. 하나님의 섭리를 이미 알고 있었던 요셉이 죄에 대한 구체적인 대화 없이 일방적으로 용서를 선포한 것이었다. 요셉은 그동안 여러 차례의 시험을 통해서 형들이 변화되었다는 사실을 확인했기에 형들을 용서할 수 있었다. 그러나 정작 요셉의 형들은 자신들의 죄를 자백하고 용서를 받을 기회가 없었다.

용서란 죄에 대한 자백이 반드시 있어야 한다. 만일 자백이 없다면 그것은 표면적인 용서에 지나지 않는다. 표면적인 관계는 복원되지만, 심층적인 관계는 회복되지 않는다. 형들은 자신들이 지은 죄에 대해서 요셉에게 고백했어야 했다. 왜 요셉을 미워하게 되었는지, 왜 요셉을 애굽 상인들에게 노예로 팔아야 했는지, 요셉은 그 이유를 묻고 그들은 이에 대해 대답하면서 용서를 구해야 했다. 이런 깊은 대화가 없이 어느 한쪽에서 일방적으로 용서한다면, 서로가 주고받았던 깊은 상처는 치유되지 않는다. 아무리 겉의 관계는 복원되었다 하더라도 아직 깊은 단계에서는 용서나 화해가 이루어지지 않는 것이다. 물론 그때 상황을 생각해 보면 어느 정도 이해가 간다. 생각해 보라. 형들은 요셉이 살아 있다는 사실과 함께 그가 애굽의 총리가 되어 자기들 앞에 서 있다는 사실만으로도 얼마나 놀랐겠는가? 그런 상황 속에서 어떻게 서로 깊은 대화를 할 수 있었겠는가? 충분히 이해가 된다.

하지만 그 이후에는 시간이 많았다. 얼마든지 요셉과 형제들 사이에 깊은 대화가 오갈 수 있었다. 그런데 요셉과 그의 형제들은 그 일을 하지 않았다. 왜냐하면 그것이 그토록 중요한 문제인지 몰랐기 때문이다. 죄책감을 오래 두면 수치심으로 변한다. 죄책감이란 자신이 행한 죄에 대해서 갖는 불편한 마음이지만, 수치심이란 자기 존재 자체에 대한 부정적인 마음이다. 죄책감을 빨리 씻지 않으면 그것은 자기 존재 자체를 부정하는 수치심으로 변하게 되어 있다. 이것은 죄책감과는 또 다른 아픔이다. 요셉의 형들도 마찬가지였다. 처음 그들은 죄책감에 시달렸을 것이다. 그러나 그 죄책감이 온전히 씻겨지지 않자 그것은 수치심으로 자리를 잡았다. 그래서 요셉을 볼 때마다 수치심에 시달렸을 것이다. 이런 수치심이 야곱의 죽음과 함께 밖으로 표출된 것이었다.

회복되어야 할 두 관계

회개를 통해서 회복해야 할 관계에는 두 가지가 있다. 첫째는, 하나님과의 관계 회복이다. 회개란 지은 죄를 용서받음으로써 끊어진 하나님과의 관계를 회복시키는 것이다. 우리가 십자가 보혈을 의지하여 죄를 회개한다면, 하나님은 우리의 모든 죄를 용서해 주신다(요일 1:9 참조). 둘째는, 가해자와 피해자와의 관계 회복이다. 가해자는 하나님께 용서를 받은 후에 가능하다면 피해자를 만나서 용서를 받아야 한다. 그때 가해자와 피해자는 비로소 화해를 할 수 있다. 물론 가해자와 피해자가 만날 수 없는 상황일 수도 있을 것이다. 그때에는 그에 상응하는 일을 찾아서 해야 한다. 그래야 가해자가 죄책감으로부터 완전히 벗어날 수 있고, 피해자도 그 상처로부터 완전히 회복될 수 있기 때문이다.

영화 〈밀양〉은 이 문제를 다루고 있다. 영화 〈밀양〉에 나오는 여자 주인공 신애(전도연)가 예수 그리스도를 영접하고 난 후 주변 사람들의 권유를 받아들여 어렵게 자기 아들을 유괴해서 죽인 박도섭(조영진)을 용서하기 위해 교도소로 찾아간다. 신애로서는 정말 쉽지 않은 결단이었다. 교도소에 찾아간 신애가 박도섭에게 어렵게 용서의 말을 전한다. 그러자 고마워하고 감사해야 할 살인범이 너무나도 편안하고 담담하게 이 말을 받는다. 마치 당연하다는 듯이 신애의 용서를 받아들인다. 그러면서 박도섭은 자신도 교도소에서 예수를 믿게 되었는데, 예수님께 자기 죄를 다 고백하고 이미 용서를 받아서 마음이 편안해졌다고 말한다. 전혀 예상치 못한 말을 들은 신애는 큰 충격에 휩싸인다. 자신의 의사와 상관없이 누가 살인범을 용서한단 말인가? 그는 자신의 허락도 없이 살인자를 용서했다는 하나님께 강력하게 반발하고 저항하면서 분노를 폭발한다. 그때부터 영화는 신애가 하나님께 도전하며 방황하는 모습을 그린다. 이 영화는 그리스도인들에게 진정한 회개와 용서가 무엇인가를 생각하게 한다.

진정한 용서란 무엇인가? 그것은 회개를 통하여 하나님과의 관계를 회복하는 것만을 말하지 않는다. 가해자와 피해자와의 관계도 온전히 회복되어야 한다. 가해자는 하나님께 죄를 고백한 것처럼, 피해자에게도 죄를 고백하고 용서를 구해야 한다. 이것이 진정한 회개다. 만일 하나님과의 관계만을 회복한 채 피해자와의 관계가 회복되지 않는다면, 가해자는 불완전한 용서로 인해서 힘든 삶을 살아야 하고, 피해자도 받은 상처로 인해서 어려운 삶을 살 수 있다. 요셉의 형제들이 아직도 죄책감에 시달리는 가장 큰 이유는, 요셉과 구체적인 관계 회복이 없었기 때문이다. 요셉은 형제들을 다 용서했지만, 형제들은 요셉에 대한 죄책감과 수치심에 시달리고 있었다.

하나님과의 관계 못지않게 중요한 것이 바로 사람과의 관계다. 창세기 기자는 야곱이 하나님의 부르심을 받은 후 약 54년 동안, 다시 말해서 요셉이 하나님의 부르심을 받을 때까지 다른 내용은 하나도 기록하지 않는 대신 이 문제 하나만을 기록했다. 이것은 그만큼 이 문제가 중요하다는 것을 의미한다. 하나님은 이렇게 요셉과 다른 형제들의 관계를 온전히 풀게 하신 후에 이스라엘이 애굽에서 강성한 민족으로 성장할 수 있게 하셨다. 하나님은 우리가 하나님과의 관계만이 아니라 사람과의 관계도 늘 중요하게 여기기를 바라신다. 하나님과의 관계만이 아니라 주변 사람들과도 늘 좋은 관계를 유지하여 주님을 기쁘시게 해 드리기를 소망한다.

4

아름다운 삶,
아름다운 마감

요셉이 형제들을 다시 용서하면서 모든 관계가 회복되자, 이스라엘 백성은 고센 지방에서 목축업을 하면서 힘 있게 번성해 나갔다. 여기까지가 요셉이 감당해야 할 사명이었다. 요셉은 애굽에서 '에브라임의 자손 삼 대'를 보았고, 자기 민족이 애굽에 잘 정착하여 사는 모습을 보면서 110세에 하나님의 부르심을 받았다. 요셉은 하나님의 부르심을 받기 전에 유언을 남긴다.

"요셉이 그의 형제들에게 이르되 나는 죽을 것이나 하나님이 당신들을 돌보시고 당신들을 이 땅에서 인도하여 내사 아브라함과 이삭과 야곱에게 맹세하신 땅에 이르게 하시리라 하고 요셉이 또 이스라엘 자손에게 맹세시켜 이르기를 하나님이 반드시 당신들을 돌보시리니 당신들은 여기서 내 해골을 메고 올라가겠다 하라 하였더라 요셉이 백십 세에 죽으매 그들이 그의 몸에 향 재료를 넣고 애굽에서 입관하였더라"(창 50:24-26).

요셉은 자신의 사명을 온전히 이루고 눈을 감았다. 요셉도 눈을 감으면서 자신의 시신을 애굽에 두지 말고 출애굽 때 함께 가나안 땅으로 데리고 나가달라고 유언을 남긴다. 이는 그가 눈을 감으면서도 가나안 땅에 세워질 하나님 나라를 바라보았기 때문이다.

요셉이 바라보던 하나님 나라는 모든 시대의 그리스도인들이 가져야 할 희망이다. 희망은 그 사람의 모든 행위를 결정한다. 요셉이 열일곱 살에 가졌던 하나님 나라에 대한 비전은 요셉의 생애를 결정했다. 이처럼 예수 그리스도가 재림하실 것이라는 희망은 그리스도인들의 모든 삶의 내용과 태도에 결정적 동기가 된다. 아무리 세상이 험하고 악과 죽음의 세력이 난무한다 해도, 우리는 재림하실 주님을 기다리며 그분의 나라가 이 땅에 온전히 이루어질 것을 믿으며 나아가야 할 것이다.

"보라 내가 속히 오리니 내가 줄 상이 내게 있어 각 사람에게 그가 행한 대로 갚아 주리라 나는 알파와 오메가요 처음과 마지막이요 시작과 마침이라"(계 22:12-13).

하나님 나라를 꿈꾸며 자신의 사명을 완수한 요셉의 삶은 참으로 아름다웠다. 그리고 하나님 나라를 꿈꾸며 눈을 감은 그의 마지막도 아름다웠다. 요셉은 이렇게 110세에 하나님의 부르심을 받았고, 애굽의 장례법에 따라 장례가 이루어졌다. "그들이 그의 몸에 향 재료를 넣고 애굽에서 입관하였더라"라는 말은 요셉을 미라로 만들어서 장례했음을 말해 주고 있다. 요셉은 미라로 만들어져서 무덤에 안치되었다가, 약 360년 후에 출애굽을 할 때 모세의 품에 안겨 애굽을 떠나 가나안 땅으로 갔다.

"그러므로 하나님이 홍해의 광야 길로 돌려 백성을 인도하시매 이스라엘 자손이 애굽 땅에서 대열을 지어 나올 때에 모세가 요셉의 유골을 가졌으니 이는 요셉이 이스라엘 자손으로 단단히 맹세하게 하여 이르기를 하나님이 반드시 너희를 찾아오시리니 너희는 내 유골을 여기서 가지고 나가라 하였음이더라"(출 13:18-19).

요셉의 유언은 그대로 성취되었다. 이스라엘 민족이 출애굽을 할 때 많은 백성이 자신들이 기르던 가축들과 애굽 사람들로부터 받은 귀금속을 가지고 나왔으나, 모세는 요셉의 유골을 품에 품고 나왔다. 이것은 모세가 요셉의 유언을 성취한 일이기도 했지만, 이보다는 요셉의 아름답고 숭고한 삶과 신앙이 출애굽하는 이스라엘 백성 속에 그대로 전수되기를 소망했던 것이다. 요셉의 사후에도 그의 삶과 신앙은 이스라엘 후손들에게 큰 영향을 미쳤던 것이다. 결국 모세와 함께 출애굽한 요셉의 유해는 여호수아가 가나안 땅을 다 정복하고 하나님의 부르심을 받은 후에 세겜 땅에 안치되었다.

"이스라엘 자손이 애굽에서 가져온 요셉의 뼈를 세겜에 장사하였으니 이곳은 야곱이 백 크시타를 주고 세겜의 아버지 하몰의 자손들에게서 산 밭이라 그것이 요셉 자손의 기업이 되었더라"(수 24:32).

이것은 대단히 의미심장한 기록이다. 이 기록은 아브라함에게 약속하신 하나님 나라에 대한 언약의 말씀이 여호수아에 의해서 이루어졌지만, 이 모든 과정에서 잊지 못할 한 사람이 바로 요셉임을 말하는 것이다. 그만큼 요셉의 삶과 죽음은 이스라엘의 역사와 정체성에 지대한 영향을 미쳤다. 그의 삶과 죽음은 지금 우리에게도 소중하게 남아 있다.

요셉이 바라보던 하나님 나라는
모든 시대의 그리스도인들이 가져야 할 희망이다.
예수 그리스도가 재림하실 것이라는 희망은
그리스도인들의 모든 삶의 내용과 태도에
결정적 동기가 된다.

나가는 글

그리운 요셉

요셉의 생을 정리하다 보니 내 마음에 요셉에 대한 그리움이 남는다. 그는 평범한 사람들이 겪지 못할 고난을 겪으면서도 얼마나 하나님의 뜻에 민감했는지, 특히 그의 삶을 야곱과 비교해 볼 때 그 차이가 명확히 드러난다. 그가 얼마나 숭고한 삶을 살았는지 가슴이 뭉클해진다. 나는 요셉의 삶을 야곱과 비교하면서 책을 마무리하려 한다.

요셉과 야곱의 삶

요셉과 야곱의 이야기에는 몇 가지 공통점이 있다. 둘 다 아버지의 편애로 인해서 가정이 건강하지 못했으며, 이로 인해 형제간의 갈등이 심했다. 야곱은 에서를 피해 라반의 집으로 도망쳐야 했고, 요셉은 형들에 의해 애굽의 노예로 팔려 가야 했다. 또한 야곱은 어머니 리브가와 함께 이삭을 속여 에서의 축복권을 가로챘는데, 요셉의 형제들은 피가 묻은 찢어진 채색옷으로 야곱을 속였다. 또한 두 인물 모두 타향살이를 했는데, 야곱은 외삼촌 라반의 집에서, 요셉은 애굽에서 타향살이를 해야 했다. 그리고 형제들과 다시 상봉하고 화해를 하게 된다.

서로 다른 점은 무엇이 있을까? 야곱의 삶은 험악했다. 그는 계속해서 저항하며 살았다. 팥죽 한 그릇으로 에서의 장자권을 빼앗았고, 어머니 리브가와 합세하여 아버지 이삭을 속여 에서의 축복을 가로챘다. 이로써 야곱은 형 에서를 피해 라반의 집으로 도망쳤는데, 거기서도 그는 인색하고 고약했던 라반과 끊임없이 갈등하며 착취당하기도 했다. 결국 도주를 택한 야곱은 고향으로 돌아오다가 얍복 나루터에서 하나님의 사자와 씨름을 하다가 육체적인 큰 고통을 지불하기도 했다. 또한 외동딸 디나가 세겜의 왕자에게 겁탈을 당했으며, 성급하고 잔인한 시므온과 레위가 세겜 남자들을 다 죽이고 재산을 노략함으로 도망자 신세가 되어 고향으로 돌아왔다. 그 길에 사랑하던 아내 라헬을 땅에 묻어야 했고, 만아들 르우벤이 그의 소실과 잠자리를 하는 수치 또한 맛보아야 했다. 그것만이 아니다. 애지중지하던 아들 요셉이 짐승에게 무참히 찢겨 죽었다는 소식을 들은 그는 그때부터 눈물로 살게 되었다. 노년에는 기근 때문에 큰 고통을 겪다가 평생 이룬 것을 다 가나안에 두고 온 가족과 함께 낯선 애굽 땅으로 이주해야 했다. 야곱은 그 스스로가 바로에게 고백한 대로 참으로 '험악한 세월'을 보냈다(창 47:9 참조).

야곱이 이처럼 험악한 세월을 보낸 이유는 무엇일까? 먼저, 그는 자신의 삶에서 자기중심적인 욕망과 통제력을 중시하는 경향이 있었다. 하나님을 여러 번 체험하고 경험했음에도 불구하고 언제나 자신의 뜻이 먼저였다. 그는 자신의 꾀로 모든 문제를 해결하고자 했다. 이 때문에 야곱은 영적 성장이 더디게 이루어졌다. 그는 자기의 왕국을 세우고자 열심을 다했지만, 하나님 나라를 세우는 데는 열심을 다하지 못했다. 이 때문에 야곱은 그 누구보다도 많은 연단의 과정을 겪어야 했다. 야곱이 하나님의 사람이 되기까지 하나님은 오래 기다리셔야 했다.

이에 비해서 요셉은 삶에 저항하지 않았다. 요셉도 야곱처럼 집을 떠나 애굽에서 10년 동안의 노예 생활과 3년 동안의 옥살이를 했지만, 그에게서는 삶에 저항한 흔적이 하나도 발견되지 않는다. 이런 요셉의 삶을 야곱과 비교해 보면, 요셉의 삶은 마치 순풍에 돛을 단 듯 편안하다. 어떻게 이런 삶이 가능했을까? 가장 중요한 이유를 찾는다면, 그것은 요셉의 내면에 영성 형성이 잘 되었기 때문이라고 생각한다. 요셉의 삶은 그가 채색옷을 입고 있을 때와 벗었을 때로 나누어진다. 요셉은 채색옷이 벗겨진 후에 종의 옷을 입고 노예 생활을 하면서 인격적으로나 영적으로 크게 성장하기 시작했다. 아버지 야곱과 달리 요셉은 고난 속에서 많은 영적 성장을 이루어 냈다. 그는 어떤 어려움 속에서도 하나님과 동행했으며, 그 결과 형통한 삶을 살았다. 즉, 야곱과 요셉은 하나님과 얼마나 친밀하게 살았는지, 그 과정에서 어떤 영적 성장을 이루었는지가 삶에서 분명한 차이로 드러난다.

하나님 나라의 비전

요셉의 내면에는 늘 하나님이 계셨다. 요셉은 하나님이 주신 꿈을 품고 거친 삶을 살아 냈다. 마침내 요셉이 애굽의 총리가 되었을 때, 그는 자신이 꾼 꿈이 하나님 나라의 비전임을 확신했다. 이 땅에 하나님 나라를 세워 가는 과정 속에서 자신에게 주어진 사명이 있음을 발견한 것이다. 그것이 요셉의 삶을 하나님 중심으로 살게 했다. 이것이 고난 속에서도 하나님의 뜻을 이루며 순탄한 삶을 살게 한 힘이었다고 생각한다.

우리는 두 나라에 살고 있다. 사도 바울도 우리가 두 나라에 살고 있음을 말하고 있다.

"그러나 우리의 시민권은 하늘에 있는지라 거기로부터 구원하는 자 곧 주 예수 그리스도를 기다리노니"(빌 3:20).

하늘의 시민권을 가진 그리스도인들은 지금 두 나라에 살고 있다. 두 나라는 서로 다른 가치관을 가지며, 추구하는 바도 다르다. 하나님 나라는 하나님의 뜻이 이루어진 곳이지만, 세상 나라는 인간의 욕망이 지배하는 곳으로서 하나님의 뜻이 아직 이루어지지 않은 곳이다. 이러한 이유로 그리스도인들은 많은 혼란을 겪기도 하고, 크고 작은 고난과 시련을 당하기도 한다. 그러므로 우리는 먼저 하나님 나라와 그분의 의를 구해야 한다(마 6:33 참조). 이를 통해서 우리는 영적으로 바르게 성장해 나가야 한다.

형통한 삶을 살았던 요셉을 다시 한번 생각해 보자.

"여호와께서 요셉과 함께하시므로 그가 형통한 자가 되어 그의 주인 애굽 사람의 집에 있으니 그의 주인이 여호와께서 그와 함께하심을 보며 또 여호와께서 그의 범사에 형통하게 하심을 보았더라"(창 39:2-3).

"간수장은 그의 손에 맡긴 것을 무엇이든지 살펴보지 아니하였으니 이는 여호와께서 요셉과 함께하심이라 여호와께서 그를 범사에 형통하게 하셨더라"(창 39:23).

"그들이 그에게 이르되 우리가 꿈을 꾸었으나 이를 해석할 자가 없도다 요셉이 그들에게 이르되 해석은 하나님께 있지 아니하니이까 청하건대 내게 이르소서"(창 40:8).

"요셉이 바로에게 대답하여 이르되 내가 아니라 하나님께서 바로에게 편안한 대답을 하시리이다"(창 41:16).

"당신들이 나를 이곳에 팔았다고 해서 근심하지 마소서 한탄하지 마소서 하나님이 생명을 구원하시려고 나를 당신들보다 먼저 보내셨나이다"(창 45:5).

"당신들은 속히 아버지께로 올라가서 아뢰기를 아버지의 아들 요셉의 말에 하나님이 나를 애굽 전국의 주로 세우셨으니 지체 말고 내게로 내려오사"(창 45:9).

"요셉이 그의 형제들에게 이르되 나는 죽을 것이나 하나님이 당신들을 돌보시고 당신들을 이 땅에서 인도하여 내사 아브라함과 이삭과 야곱에게 맹세하신 땅에 이르게 하시리라 하고"(창 50:24).

이 말씀 속에는 하나님 나라를 품고 살았던 요셉의 믿음이 잘 표현되어 있다. 요셉은 자신에게 주어진 상황을 거부하지 않고 잘 수용해서 영적 성장의 기회로 삼았다. 때문에 어떤 시련 속에서도 흔들리지 않았을 뿐만 아니라, 하나님이 주신 모든 사명을 잘 감당할 수 있었다. 요셉의 영적 성장은 그가 입었던 옷들과 깊은 연관이 있다. 하나님은 필요할 때마다 요셉의 옷을 벗겨 새로운 옷을 입혀 주셨다. 지금도 하나님은 같은 방법으로 역사하신다고 생각한다. 지금 당신이 입고 있는 옷은 어떤 옷인가를 살펴보라. 그 옷이 벗겨지고 새로운 옷이 주어질 때마다 두려워하거나 낙심할 필요가 없다. 요셉의 채색옷을 벗기며 그를 영적으로 성숙시켰던 하나님은 지금도 동일하게 역사하시기 때문이다. 온전한 그리스도인이 되기 위해서는 늘 새로운 옷이 필요하다. 우리도 요셉처럼 두려움 없이 새 옷을 입고 주님의 형상을 이루어 나가자.

채색옷이 벗겨지던 날부터
요셉은 새로워지기 시작했다.
새 옷은 요셉에게
늘 변화를 요구했다.

그 과정은 쉽지 않았지만
그 옷들은 요셉 안에서
새살이 돋게 했다.
깨진 만큼 돋아난 새살
요셉이 입었던 세마포 옷은
결국 속사람의 옷이었다.